榎本 秋

歴代征夷大将軍総覧

GS

まえがき

本書では古代から江戸時代まで、総計で四十八人を数える征夷大将軍それぞれの経歴や業績、ひととなり、そして彼らの治世下で起きた大きな事件について紹介していく。

さて、現代日本で「将軍」といえば、それはまっさきに「征夷大将軍」の略語を意味する。この征夷大将軍は武家の棟梁であり、幕府の長であり、源氏の長者に他ならない。

実際のところ、将軍が実質的な権力を有していた時期は短く、側近や有力武家によって象徴・傀儡《かいらい》とされるのは珍しくなかった。それでも武士政権の頂点であり、日本の統治者であり続けた存在。日本の外から見れば「日本国王」や「皇帝」。それが将軍である。

しかし、将軍や征夷大将軍という言葉が本来持っていた意味は違う、というのはご存じだろうか。

そもそも、将軍という言葉は古代中国において「軍隊を率いる君主」を示し、これが転じて「軍団の長」といった程度の意味になったのである。

古代日本には征夷大将軍以外にも「将軍」と名のつく役職があったし、南北朝動乱において南朝方は征夷大将軍を立てて東国で戦わせる一方、征西大将軍が九州で北朝方勢力と対峙していた。江戸幕府が消滅した近代以降の日本にも軍の役職・地位としての「将軍」があった。

日本における最も古い「将軍」は、大和朝廷を作り上げた人物ではないかとも考えられている崇神《すじん》天皇が設置した「四道将軍」(史料によって「三道将軍」とも)だとされる。ちなみに、ここでいう「道」は道路や街道ではなく地域を示す言葉なので、崇神天皇は四つの地域に将軍を配置した、ということだ。

蛇足だが、この道という言葉は現代でも北海道にその名を残している。また、戦国時代にその名をはせた今川義元や徳川家康は「東海一の弓取り」と称されたが、ここでいう東海は「東海道」の意味で、東海道という道で一番ということではなく、東海道という地域で一番の武将(弓取りは武士の別名)を意味する。

このように、「軍団の長」であった「将軍」という役職のうち、なぜ征夷大将軍だけが特別な扱いを受けるようになり、ついには天皇と朝廷に取って代わる「政権の長」にまでなってしまったのか。

そして、それぞれの将軍たちはどのような生涯を送ったのか。

古代の征夷大将軍は東北の部族「蝦夷《えみし》」と対峙し、服属させるための存在だった。そのために本来天皇しか持ってはいけない軍権を付与されてはいたが、それ以上の存在ではなかった。

鎌倉時代の征夷大将軍は、その先駆けとなる存在である源義仲を除き、鎌倉幕府の長のことを示している。しかし、鎌倉幕府の初代将軍である源頼朝こそ強大な力を持ったリーダーではあったが、以後の将軍たちは有力な武士たち――特に将軍を補佐する執権の職を独占した北条氏――による傀儡に過ぎなかった。

頼朝の血筋も混乱の中に三代で絶えてしまい、以後は藤原摂家や天皇家から将軍を迎える体制が続いた。

その鎌倉幕府を倒した後醍醐天皇および彼の築いた南朝も征夷大将軍を置いた。これは後醍醐天皇の「建武の新政」が幕府的なシステムを作ろうとした証拠ともされるが、長続きはしなかった。

鎌倉幕府を倒すのに大きな役割を果たし、また後醍醐天皇にも反旗を翻して北朝を立てた足利尊氏を祖とするのが、室町幕府の征夷大将軍たちである。鎌倉幕府のように血筋が絶えることこそなかったものの、彼らの力も必ずしも強いものではなく、「守護大名」と呼ばれる有力武家たちの思惑に振り回されることも多かった。

やがて室町幕府と征夷大将軍の権威が薄れる中で時代は戦国時代に突入し、室町幕府は消滅する。

乱れた天下を最後に治めたのは徳川家康であり、征夷大将軍となった彼の築いた江戸幕府は二百数十年にわたって日本を統治した。江戸幕府の将軍たちは強権を振るったものから完全な傀儡までさまざまだ。中には八代将軍・徳川吉宗のような名君も輩出したが、社会体制の変化と海外列強の圧力には抗《あらが》いきれず、ついに崩壊。時代は明治維新へと移り変わっていく。

歴代征夷大将軍総覧／目次

第五章　足利将軍——室町時代

第一章　古代の将軍たち

軍事代行者としての将軍

大伴弟麻呂《おとまろ》から徳川慶喜《よしのぶ》まで千年を超える征夷大将軍の歴史（とはいえ、途中で性質を少なからず変えてはいるのだが）を語るにあたって、まずは征夷大将軍という役職が誕生した古代、奈良時代末期から平安時代にかけてみていきたい。

この時代の将軍と以後の将軍との大きな違い、それは「古代の将軍は幕府の長ではない」ということである。

鎌倉時代以降の将軍は実質的な権限が備わっているか否かという違いはありつつも、武家政権にそのトップとして君臨する存在であった。しかし、古代の将軍は天皇から軍事権を与えられて大きな力を振るう存在ではあったが、あくまで公家政権の一部として機能する存在だったのである。

征夷大将軍とは何のための役職だったのか

古代における征夷大将軍という役職の意味にたどり着くためには、この名前を分解するのが最もわかりやすい。

「征」は征伐や征討の意味であり、「夷」は古代の朝廷にとって大きな問題であった東北の蝦夷のこと。「大将軍」というのは、古代の軍制において三つの軍を指揮する三人の将軍の上に位置する、総指揮官の名である。すなわち、「蝦夷を攻める役目を背負った大軍の指揮官」という理解で問題ないだろう。

ここでポイントになるのが、蝦夷とは何か、ということだ。中世以降、蝦夷は「えぞ」と読まれ、現在私たちが「アイヌ」として知る北海道（蝦夷地）の集団のことを主に指していた。

しかし、古代において蝦夷は「えみし」と読み、これは後にアイヌにつながる文化を持った北海道の集団のことだけでなく、東北地方などに居住して朝廷には従わないが文化としてはかなり近いものを有する異勢力のことも含めて示した言葉であった、という説が現在では有力だ。

蝦夷は狩猟を得意とし、弓と馬を駆使して大いに朝廷の軍勢を苦しめた。これに対し、朝廷側の勢力拡大は長らく、積極的な武力よりも交渉と移民による部分が大きかった。すなわち、軍事拠点である城柵《じょうさく》を設置し、その近辺に柵戸《さくこ》（移民）を居住させることによって、ゆっくりと支配権を拡大させていったわけだ。

有名な出来事として、六五八〜六六〇年（斉明四〜六）には阿倍比羅夫《あべのひらふ》による北征が行われているものの、これは蝦夷の各部族と接触して外交交渉を行う、という側面が強かった。軍事力を背景にはしつつも、力ずくで押しつぶす、ということではなかったのだろう。これらの過程で朝廷に従い、帰順してきた蝦夷は「俘囚《ふしゅう》」と呼ばれ、各地へ移民させられた。

蝦夷との戦い、「征夷」大将軍の誕生

しかし、奈良時代も後期に入ると、状況が変わってくる。俘囚が反乱を起こし、蝦夷の各部族との間に衝突が起きるようになって、朝廷も軍勢を派遣しなければならなくなってきたのだ。

朝廷が積極的な東北進出政策をとったことが蝦夷の反発を招いたこと、蝦夷自体が外部との接触によってそれまでの各部族がばらばらだった状態からある程度の統一ができるようになっていたこと、などが原因であったようである。

これが主に「征東使」と呼ばれる軍勢で、指揮官も同名、あるいは征東将軍（征東大将軍）と呼ばれた。その際の役目や戦う相手によってまたさまざまな名があり、その中に

「征夷将軍」という呼び名もあったが、制度上正式なのは「征東将軍」のほうだったらしい。七九三年（延暦十二）にこれが征夷使、征夷大将軍と改められたため、通常「最初の征夷大将軍」といえば七九四年（延暦十三）に任命された大伴弟麻呂のことを指し、それ以前の征東大将軍はそれに含めないことが多い。

ただ、征東大将軍という言葉自体は征夷大将軍の別名のような形で残った。平将門討伐に際して任じられた藤原忠文は征東大将軍であったが、征夷大将軍のひとりとして理解されているのはこのためであろう。

ちなみにその性質上、征夷大将軍は当時の国家システムである律令に定められた役職ではもちろんなく、「令外官《りょうげのかん》」と呼ばれる制度外の役職のひとつであった。

このように、古代の征夷大将軍の役目は「蝦夷を倒すこと」であった。そのため、蝦夷の恭順が進んでその脅威が薄れるにつれて姿を消していくのは当然のことだ。イレギュラーとしての藤原忠文以降、征夷大将軍（征東大将軍）は任命されなくなり、再び世に出るのは源平の合戦のころになる。そのときの将軍は、古代の将軍が持っていた性質をある程度継承しつつも、基本的には別物として歴史に現れることとなるのである。

名門出身の「最初の将軍」

大伴弟麻呂

七三一（七二二とも）年〜八〇九年

しばしば誤解されるのだが、最近の通説では「坂上田村麻呂は初代征夷大将軍ではない」ということになっている。

概要で紹介したように「誰を最初とするか」は少々ならず難しい問題だが、少なくとも田村麻呂は明らかに違う、と言っていいだろう。征東使が征夷使に正式に改名された後、最初に征夷大将軍となったのは、彼、大伴弟麻呂だからだ。

弟麻呂が征夷大将軍に任命され、その証として「節刀《せっとう》」を与えられたのは先述したように七九四年（延暦十三）のことである。この節刀というのは、本来天皇だけが有する軍隊を指揮する権限を一時的に将軍に代行させる際、その象徴として授けるものである。これは百済から伝来した「破敵」という霊剣で、神々や太陽、月、北斗七星などが刻まれた刀であったと伝わっている。

国家の使者が現代も「使節」と呼ばれるが、その「節」は節刀の「節」と同じで、意味はそのものずばり「しるし」である。しるしを与えられ、国家における重要な権限を持たされたしるしなのである。ちなみに、中国では旗（旌節《せいせつ》）が「節」だったのに対し、日本では刀が「節」になった。価値観の違いを感じられるようで、なかなか面白い。

桓武天皇の決意——十万の征夷軍

弟麻呂が征夷大将軍に任命される前に、朝廷の東北支配にかかわる大きな事件が起きている。朝廷の軍勢が蝦夷に大敗北を喫したのである。

この時期、豊かな平原である胆沢《いさわ》の地（現在の岩手県水沢市付近）に拠る形で有力な蝦夷の部族が存在していた。時の桓武天皇は征東大将軍・紀古佐美《きのこさみ》の率いる大軍を送り込んでこれを討伐しようとしたのだが、指揮官たちが失策を重ね、また蝦夷の長であるアテルイの仕掛けた巧妙な罠にも苦戦して、紀古佐美らの軍勢は散々に打ち破られてしまったのだ（ただし、蝦夷側の被害も大きく、単純に当時の指揮官たちの失敗とだけするのは不公平だという見方もあるのだが）。

この敗北を受け、桓武天皇は新たな蝦夷征伐の軍勢を送る準備を始めた。征東使が征夷使に改名されたのもその過程のことであるが、なぜわざわざ改名しなければならなかったか、については諸説あってはっきりしない。ただ漫然と「東の敵を討つ」のではなく「蝦夷打倒のための軍勢である」とはっきりさせるためだとも、蝦夷への逆襲を期する決意の表れだとも、以前から続いていた蝦夷征伐の事業を、同時期に進行していた平安京への遷都と併せて「桓武天皇の事業である」とはっきりさせたかったのだ、ともいう。そして、この兵数十万という新たな蝦夷征伐の軍勢の総大将として選ばれたのが弟麻呂だったわけだが、この時すでに弟麻呂は六十を超える高齢である。しかも、これ以前に「征東大使」に任命された経験はあったものの実戦経験はなかったのではないかと見られており、どうも実戦の指揮官としての任命ではなかったようだ。

そもそも、節刀を与えられる大将軍（持節征東大将軍、持節征夷大将軍などと呼ばれる）というのは戦場の後方から戦況を見守ればよく、実際に兵を率いて戦うのはその下についた将軍たちの役目だった。特に、この時は後の征夷大将軍である坂上田村麻呂が東北方面での経験がないにもかかわらず副使として抜擢されており、実質的な指揮官として大いに活躍した、と伝えられている。

弟麻呂自身は一年後に中央へ戻って節刀を返却、征夷大将軍としての任を解かれた。この時の功績によってある程度は出世したものの、自身の後を継ぐ形で引き続き蝦夷討伐で活躍する田村麻呂のような巨大な名声や栄達を得ることはなかった。

名門・大伴氏の血を引く

それでは、なぜ（名目上の存在だったとしても）最初の征夷大将軍として弟麻呂が選ばれたのだろう。これは、彼が軍事の名門・大伴氏の出身だったから、という説を採るのが妥当ではないだろうか。

大伴氏の血筋は神話の時代にさかのぼり、「天皇の祖である瓊瓊杵尊《ニニギノミコト》が地上に降りる際、先導の役目を担った天忍日命《アメノオシヒノミコト》の子孫」だと伝わる。古代の大和朝廷においては物部氏と並んで軍事をつかさどる大権力者であり続け、新興の蘇我氏が躍進を遂げた時期には一時影を潜めたものの、蘇我氏が没落すると再び頭角を現した。藤原氏の出現によって最終的には衰退の一途をたどることになるのだが、それでも弟麻呂のころにはまだまだ軍事貴族として有力かつ高名な存在であった。

このような大伴氏の先祖代々積み重ねた功績に敬意を表する形で、桓武天皇は「最初の征夷大将軍」として弟麻呂を選んだのだろう。

坂上田村麻呂

七五八年〜八一一年

あまたの伝説に名を残す、武士の象徴

坂上田村麻呂を日本で最初の征夷大将軍・古代の伝説的な英雄として知っている人は少なくないだろう。それが正確な事実とはいえないことはすでに紹介したとおり。しかし、田村麻呂が難敵・蝦夷討伐に大きな働きを示したことは間違いないし、後世に多くの「田村麻呂伝説」が伝えられて伝説化・神格化したこともまた事実である。

平安時代末期、源平合戦のころになって征夷大将軍というすでにその役割を終えた役職が引っ張り出され、「武家の頂点」という意味合いを与えられたのも、「あの」坂上田村麻呂が務めた、という付加価値に期待するところが大きかったのではないか。

田村麻呂は一騎当千と謳われた強敵・蝦夷を撃退したことから、恐ろしい顔の人物、というイメージがある。赤い顔に黄色い髭が特徴的だったというから、確かにあまり見ていて楽しい容貌の持ち主ではなかったようだ。『田村麻呂伝記』にも「怒れば猛獣も倒れて

しまう」とされているから、相当のコワモテであったろう。

しかし、その言葉の後には「笑えば子供がなつく」とついてくるから、単純に怖いばかりの男ではなかった。いかにも古代の英雄という感じの、敵にすれば恐ろしいが味方にすれば頼もしい、器の大きい男だったのではないか。もちろん、「勇力人に過ぐ、将帥の量あり」という『日本後紀』の言葉でわかるように、武将としても得がたい存在であったことは間違いない。

父・苅田麻呂の活躍

田村麻呂を輩出した坂上氏は渡来系氏族のひとつである。

後漢の霊帝（『三国志演義』に登場して英傑・奸雄《かんゆう》たちに翻弄される献帝の父親）を祖先と称する東漢氏（倭漢氏とも）は技術を武器に発展したが、その一方で急速な分派を繰り返し、多くの枝族が緩やかに結合する形をとった。そうして生まれた氏族のひとつが坂上氏だった。

分派した直接の祖となる人物については弓束直《ゆつかのあたえ》という名が知られている。弓束というのは弓の握り手の部分のことであり、この人物は弓作りを職業としていたのか、あるいは弓をより直接的に使う職業——軍人であったのだろうか。ともあれ、坂上氏自体は武芸の訓練に熱心で、武に拠って立つ一族であったようだ。田村麻呂という人は出るべくして出たのである。

地方豪族的な存在であった坂上氏が貴族の仲間入りをし、政界で躍進を果たすのは田村麻呂の祖父である犬養《いぬかい》のころ。この人が大仏造りなどで有名な聖武天皇に大いに気に入られ、その武勇や忠誠心を評価される形で出世を遂げる。

さらにその子（田村麻呂の父）の苅田麻呂《かりたまろ》は、七六四年（天平宝字八）に勃発した恵美《えみの》押勝《おしかつ》の乱で活躍し、大いに武名を上げている。これは光明皇太后をバックに大きな発言力を有していた押勝が、皇太后の死および政敵・道鏡（こちらは孝謙上皇をバックにしていた）との対立に追い詰められ、武力反乱を企んだ事件である。

これに際して、苅田麻呂は孝謙上皇側につき、押勝の子を殺害するにあたって功績を挙げた。このとき、押勝の子は天皇の印と駅鈴《えきれい》（道筋で馬を借りられる駅伝システムを利用するための証）を奪って逃げる最中であったため、苅田麻呂の功績は多大だった、といっていいだろう。

この二人の後を継ぎ、坂上氏の最盛期を作り上げたのが、田村麻呂というわけだ。

田村麻呂、蝦夷を鎮圧する

田村麻呂の名を上げたのは、なんといっても蝦夷征伐であった。先述のとおり、田村麻呂が最初に参加した征伐での征夷大将軍は彼ではなく大伴弟麻呂だったが、実際に指揮を執ったのは田村麻呂だったようだ。後の記録がすべて田村麻呂を中心としてこのときのことを記していることからもそれがわかる。

この戦いが具体的にどのような経緯をたどったかは正確な記録が残されていないのでわからない。しかし、朝廷の軍勢が蝦夷内部の切り崩しを成功させて大勝し、多くの蝦夷を殺害するとともに捕虜を連れ帰って各地に移住させたこと、一方で蝦夷側のリーダーであるアテルイは逃げ切ったこと、はわかっている。

七九七年（延暦十六）に征夷大将軍へ任じられた田村麻呂は、その四年後に節刀を与えられ、四万の兵を率いて再び胆沢へ出陣、勝利している。この戦いについても、詳しい史料は残されていない。

もちろん、ただ蝦夷と戦って勝った、というだけでは田村麻呂の役割は終わらない。朝廷の目的は蝦夷を完全に服属させ、東北を支配下に置くことだからだ。そのため、田村麻呂はこの後数年をかけて軍事拠点としての胆沢城・志波《しわ》城の築城を進めることになる。

そうして東北における朝廷の支配が進行する過程で、もう進退窮まったのだろう。八〇二年（延暦二十一）、アテルイとその仲間である母礼《もれ》が同族を率いて田村麻呂へ降伏している。田村麻呂はこれを快く了承し、彼らの身を都へ送った。その際、田村麻呂はアテルイと母礼の助命を嘆願したのだが、政権の中枢を占める公家たちは「いつ裏切るかわからない」と反対、ついに両名は処刑されてしまった――というのは、あまりにも有名なエピソードである。

単純な「英雄」ではなかった田村麻呂

このアテルイの話は田村麻呂とアテルイのライバルであると同時に友情めいた関係を中心にした美談として語られることが多いものの、実際にはそう単純なことでもなかったようだ。もちろん、田村麻呂の性格は最初に紹介したような度量の大きいものだったというから、何らかの敵味方を超えた信頼感のようなものはあったのだろう。

しかし、田村麻呂は彼らの助命を願うにあたって、「その賊類を招かむ」（『日本紀略』）と発言している。これはつまり、降伏したアテルイを「朝廷に服属した蝦夷」の象徴として利用し、蝦夷の反抗を抑え、今後の支配を有利に進めよう、という意図があったものだ、という説を採るべきだろう。ことは友情や信頼だけでなく、政略のレベルの話なのだ。

一方、朝廷がこれを拒否したのにも正当で明確な理由がある。反乱者である蝦夷を討つのは正当な行為であるというのが朝廷の論理であり（だから「征伐」なのだ）、その首謀者——しかも、かつて朝廷の軍勢に多大な被害を与えたアテルイを、いかに今後の東北統治に有効だからといって生かして東北に戻すようでは、国としての威信、権威を保つことができなくなる。

国家を成立させるためには、そのようなメンツを守ることが時に現実的な利益よりも大事なことがある。「あの国は弱いな」と判断された場合、外敵の攻撃対象になることもあれば、内部からの反乱を誘発することもある。そのため、アテルイたちは殺されなければならなかったのである。

以後、田村麻呂が東北へ出陣することはなかった。北方にはまだ蝦夷が存在し、実際に出陣計画そのものはあって八〇四年（延暦二十三）に征夷大将軍へ再び任じられてはいるものの、この計画は結局頓挫してしまった。

理由は国家の疲弊である。時の桓武天皇は田村麻呂による蝦夷征伐と、平安京の造営を二大事業として推進していたが、それにかかる経費と庶民の負担は莫大なものであった。何万もの兵を送り、また東北の支配を安定させるためにさまざまな活動をするためには、相当の代償が必要だったのだ。

そのため、ふたりの役人による「徳政相論」という論争を経て両事業の中止が決定されたのである。実はこの討論を前に桓武天皇自身はすでに決断しており、パフォーマンスとして行わせたのだ、という。であるならば、桓武天皇の寵愛を受け、東北の事情をよく知る田村麻呂の助言が何らかの形であったのでは、という説もある程度の信憑性を帯びるというものであろう。

伝説になった男、田村麻呂

その後、田村麻呂自身は大納言にまで出世してその生涯を閉じたが、彼の名声は死後も残り、むしろ「理想的武人」の象徴として高まり続けた。

田村麻呂が亡くなった際、時の嵯峨天皇は彼の遺体に鎧《よろい》を着せ、立った姿で、東に向けて埋葬させた、と伝わる。これは死後も東北平定にその霊威を振るってほしい、という願いに他ならない。また、国家に何か非常の危険があれば田村麻呂の霊が警告してその墓が音を立てて動き、また反逆者と戦うものは彼の霊に祈って加護を求めるのだ、ともいう。
さらに神格化され、北天（＝仏教の守護神のひとつ、北方を守護する毘沙門天《びしゃもん》のこと）の化身である、とさえいわれた。

東北の各地には田村麻呂を主役とする伝説が残っていて、彼が建立した、あるいは彼とかかわりがあると主張する寺社が多数存在する。また、京で語られた軍記物語でもたびたび伝説化した田村麻呂が登場する。そこに出てくる彼は武人の代表選手であったり、蛮族退治の英雄を飛び越えて鬼を退治していたりする。

これほどまでに田村麻呂が英雄視され、人気があったのはなぜであろうか。中央においては、「強大な蛮族を征伐したから」ということでわかりやすい。律令政治が疲弊していく中で、彼の功績にすがった、という部分もあるだろう。だが、東北は彼によって征服された土地であり、そこの住民にとって田村麻呂はかつての敵である。これについては、田村麻呂が宥和《ゆうわ》政策をとったことが理由としてしばしば挙げられるが、それに加えて「蝦夷がアイヌのことだと混同されたことから、田村麻呂が倒したのは自分たちの先祖ではなく北海道の異民族だったと考えるようになったのでは」という説があり、なかなか説得力があるように思われる。

文室綿麻呂

七六五年〜八二三年

蝦夷征伐の最後を飾った将軍

田村麻呂に救われて……

文屋《ふんや》氏は天武天皇の子から始まる皇親氏族で、何度か姓が変わり、綿麻呂《わたまろ》以降は文室氏が定着したようだ。

彼の運命が大きく動いたのは、八一〇年（弘仁元）の薬子《くすこ》の変のときのことである。体調不良から天皇の座を弟に譲ったばかりの平城太上天皇《へいぜいだいじょう》（乱の名前は彼の寵愛を受けた藤原薬子に由来する）と、譲られた当人である嵯峨天皇が天皇の地位をめぐって争った際、綿麻呂は太上天皇派で、あっさり逮捕、投獄されてしまった。

ところが、追い詰められた太上天皇が東北に逃げようと企んだ際、嵯峨天皇の命を受けて追撃にかかったその腹心・坂上田村麻呂が特に赦免と同行を願ったのが彼、綿麻呂であった。実は綿麻呂はこれ以前の蝦夷征伐に際して田村麻呂の下で戦ったらしく、また時の桓武天皇からも高く評価されていたようなのだ。すなわち、この薬子の乱の以前から田村麻呂は綿麻呂を見知っており、「東北で勢力争いをするなら役に立つ」と目をつけていた、ということになるのだろう。

実際、田村麻呂と綿麻呂は太上天皇が東北に逃げて態勢を整えようとするのを阻止し、出家へ追い込んだのだから、この判断は正解だったといっていい。結果、綿麻呂は功績を評価されて公卿に加えられ、やがて再び蝦夷征伐にかかわることになるのである。

毒をもって毒を制す

これ以前、朝廷による東北支配は穏健路線に移っていた。しかし綿麻呂が陸奥出羽按察《あぜ》使《ち》（東北方面の最高責任者）となると、再び征伐による強硬路線へと回帰することになる。そしていよいよ新たな蝦夷征伐が決定されたのが八一一年（弘仁二）のことだ。

ただ、この際に綿麻呂が任じられた役職は「征夷将軍」であった。また、節刀の授与も行われていない。しかも、それまでの征伐のように東北以外の地域から兵を集めることなく、軍勢の規模自体も二万にとどまった。

この征伐はあくまで「東北地方の問題」であり、田村麻呂時代のような国家事業とは位置づけられていなかった。それでも綿麻呂が征夷大将軍のひとりに数えられるのは、「蝦夷征伐の最後を飾った」という名誉のためであろう。この征伐によって東北地方の混乱はとりあえず静まり、三十八年にわたって続いてきた朝廷と蝦夷の戦いは一段落する。

とはいえ、実際の戦いは俘囚、すなわち元は蝦夷だった兵が中心であった。また蝦夷同士でも相争っていたので、ある蝦夷の部族が敵対勢力と戦うために朝廷側へ援助を求めるようなこともあり、この複雑な関係性を利用し、蝦夷同士の不仲を突く形で朝廷軍は侵攻を続けている。いわば「敵の敵は味方」「毒をもって毒を制す」というのが、この征伐における基本的な方法論だったわけだ。

変化していく中央と蝦夷の関係

先に「とりあえず」という言葉をつけたとおり、これで蝦夷との戦いが完全に終わったわけではなかった。彼らのすべてが朝廷の支配を受け入れるには今しばらくの時間が必要で、たとえば八一一年の征伐で朝廷側に味方した部族が、その後反乱を起こしたケースもある。また、八一三年（弘仁四）には綿麻呂自身がもう一度征夷将軍に任命されて反乱の鎮圧を行うことにもなった。

さらに八七八年（元慶二）には元慶《がんぎょう》の乱という大規模な反乱が起きている。この際には出羽国の俘囚たちが結集する大きな事件となったのだが、名官僚・藤原保則と名将軍・小野春風が硬軟取り混ぜた対応によってこれに対処し、戦わずに鎮圧することに成功している。

田村麻呂や綿麻呂の時代には征夷大将軍（征夷将軍）が武力によって対処したであろう大事件が、（武力を背景にしつつも）朝廷の権威を前面に出すことによって解決されたわけだ。このことは、時代の変化を明確に表している、といっていいだろう。すなわち、征夷大将軍——蝦夷を武力で征伐する役職は、この時すでにその役目を終えていたのだ。

保則の伝記には、「このような反乱（元慶の乱のこと）は、坂上田村麻呂将軍がよみがえってきても鎮圧することはできなかっただろう」といった意味の記述がある。これは伝説の武人である田村麻呂の名前と比較して保則を持ち上げているのだろうが、どこか象徴的な意味合いにも感じられる。征夷大将軍の時代は終わっていたのである。

綿麻呂以後、百数十年にわたって征夷大将軍（征東大将軍）の役職は姿を消す。次に世に現れるのには、古代日本における最大級の反乱劇——平将門と藤原純友による承平《じょうへい》・天慶《てんぎょう》の乱を待たなければならない。

藤原忠文
八七三年〜九四七年

六十八歳で将軍になった公卿

東の平将門、西の藤原純友に対すべく

死に際して参議の職を贈られており、高位の公卿であると考えてよいだろう。六十八歳にして将軍に任じられ、将軍就任時年齢としては最高齢であるとされる。

藤原忠文《ただふみ》という人が将軍になったのは、九三五年（承平五）から九四一年（天慶四）にかけて起きた承平・天慶の乱を受けてのことである。東では平将門が「新皇《しんのう》」を名乗って関東八ヶ国を席巻し、西では海賊大将・藤原純友が伊予の海賊を率いて反乱を起こしたのだ。この両者はそれぞれ、本来は朝廷に反抗する勢力を抑える立場だったのだが、さまざまな事情から自らが反抗勢力になってしまった。

彼らは別に共謀して同時期に乱を起こしたというわけではなかったのだが（少なくともその証明はされていないようだ）、朝廷の人々は「将門と純友が共謀して乱を起こし、東

西から京を挟み撃ちにするつもり」なのだと信じたようで、大いに恐慌状態に陥った。
そうでなくても、将門は桓武天皇の五代先の子孫という血筋を主張し、「武力によって天下の半分を手に入れる」と主張したから大問題だ。神の末裔（と信じられていた）である天皇の権威によって日本を支配してきた朝廷に対して、「武力」という実力を武器に敢然と反旗を翻したのだからそれも当然である。

朝廷としてはなんとしてもこれを鎮圧して、天皇の権威が揺るがないようにしなければならなかった――かくして、九三九年（天慶二）に将門が新皇を名乗るとその翌年、百数十年ぶりに忠文が征東大将軍（征夷大将軍）に任命される。しかも、将門が倒れるとすぐさま征西大将軍に任命されることとなったのである。時の朝廷が承平・天慶の乱をどれだけ恐れ、警戒したかがわかるというものではないか。

将門の征伐にあたって忠文が就いた役職については史料によって記述が分かれ、征東大将軍としているものもあれば、征夷大将軍としているものもある。前者とする説のほうが有力なのだが、概論で紹介したようにそもそもこの二つの役職名はそれぞれの別名のような存在であることから、本書では彼を征夷大将軍のひとりと数え、ここで紹介している。

ちなみに、後に征夷大将軍として鎌倉幕府を開いた源頼朝も、忠文を自らに先行する征夷大将軍のひとりと考えている。

実際の功績はナシ？

ただ実際のところ、忠文は将門や純友の討伐に何か大きな関与を果たしたわけではないようだ。そもそも六十八歳という年齢の時点で、彼に期待された役割は最初の征夷大将軍・大伴弟麻呂のような後方からの指揮・監督であったろうが、それを行うこともなかったろう。

というのも、忠文が節刀を与えられたわずか一ヶ月後、将門は従兄弟にあたる平貞盛（その末裔は後に平氏政権を作り上げる平清盛）と、大ムカデ退治の伝説で有名な藤原秀《ひで》郷《さと》の連合軍と戦い、流れ矢が頭に当たって討ち死にしているのだ。これで何らかの働きを行い得たとは思われない。

将門の死後に関東へ到着した忠文は、残党の討伐など戦後処理を終えて京へ戻ると、すぐさま純友の反乱を討伐するため征西大将軍に任命された。これについては、将門征伐が実質的に空振りに終わって名目上の「将軍」になってしまったものを、純友征伐という実質的なものに代えてやろうという朝廷側の配慮だったとする説もある。しかし、忠文以外にも将門征伐に参加したものの多くが純友征伐にも参加したことから、単純に遠征の経験を積んだ将門対策の征東軍を純友対策の征西軍に振り替えて活用しようとした、という説のほうが妥当のように思われる。

しかも結局のところ、忠文は征西大将軍としても積極的な働きはしなかったようだ。純友征伐において実を上げたのは小野好古《よしふる》らの活躍であったとされている。七十歳近い年齢を考えれば、それはやはり当然のことであろう。

悪霊となった征夷大将軍

このようにハッキリとした功績を残さなかったことからか、忠文についてはちょっと恐ろしい伝説が残っている。そのため、役職名から「悪霊民部卿」なる異名を奉られてしまったというのである。

ふたつの反乱を鎮圧して京に戻った忠文だが、征東大将軍と征西大将軍をふたつながら経験したにもかかわらず、恩賞を与えられなかった。これを怨んだ彼は、死後に悪霊となって、自らに恩賞が与えられるのに反対したとされる藤原実頼の子女に祟りをなした、というものだ。

第二章 源家将軍——鎌倉時代①

本来の征伐対象であった蝦夷が服属し、平将門・藤原純友も討ち果たされた後、「征夷大将軍」という役職もまたその姿を消し、二百数十年余り歴史の表舞台に登場することはなかった。

それが再びよみがえったのは、いわゆる源平合戦の中でのことだ。

源平合戦の渦中で

天皇と公家を中心とする政治権力が揺らぎ、ともに天皇家から分かれた血筋であるふたつの武家――源氏（清和源氏）と平氏（桓武平氏）を中心に諸勢力が激しく争うことになる。朝廷内部の勢力争いである保元《ほうげん》の乱・平治《へいじ》の乱に勝利した平清盛は京に自らの一族を中心とした平氏政権を確立し、「平氏にあらずんば人にあらず」という『平家物語』のあまりにも有名な言葉に代表される平氏の全盛期を迎えた。

清盛の死の前後から平氏政権は衰亡の度合いを強め、一方で先の争乱に敗れた源氏や、清盛によって封じ込められていた後白河法皇一派が活発に活動するようになる。その中には、後に鎌倉幕府を作り上げることになる源頼朝がいた。

しかし、この戦いは「源平合戦」という言葉からイメージされるような単純な構造でなかったのも事実である。各地では源氏と必ずしも関係のない在地武士が反乱を繰り広げて平氏政権を苦しめたし、源頼朝の妻・北条政子の実家で頼朝を強力にバックアップした北条氏の本姓は平、すなわち平氏の一族なのだ。

もちろん、源氏も一枚岩ではなかった。頼朝と同時期に挙兵し、先んじて京へ進軍して平氏政権を追い落とした源義仲（木曾義仲）は、西に逃れた平氏だけでなく、東で様子見を続ける頼朝とも対立し、その動きに備えなければならなかった。

そんな義仲が望んで復活させた役職こそが「征東大将軍（征夷大将軍というのは誤りであると近年考えられるようになっているが、本書では義仲も将軍の一人と数える）」だった。これは東にいる敵、すなわち頼朝を討つという意思表示であり、また「武士のリーダー」としての将軍を成立せしめたもの、と考えていいだろう。

古代の将軍の項で紹介したように、将軍とは節刀を与えられて天皇の代理人となる存在であったから、武士が新たな政権を――武家政権を作り上げるにあたって、適切な大義名分であったわけだ。

義仲自身はまもなく倒れたため、このときの将軍就任そのものは情勢へ大きな影響を与えなかったようだが、このことが後に頼朝が征夷大将軍を名乗るのに少なからず影響を与えたはずだ。

平氏は滅び、朝廷は封じられ、武家政権が立つ

頼朝の命を受けた弟・源義経が京を占領した義仲を倒し、西で態勢を整えた平氏政権も倒し、ついに義経自身も兄との対立の末に滅びると、天下は頼朝の支配下に落ち着いた。

そんな頼朝が作り上げた組織・制度が鎌倉幕府であり、その頂点に立つ存在として就いた役職こそが「征夷大将軍」であった。これ以後、将軍とは「武士のリーダーであり、武家政権の機構である幕府で日本を統治する存在」となった。一般には頼朝が征夷大将軍に任命された一一九二年（建久三）こそを鎌倉幕府成立の年とすることが多い。しかし近年では「鎌倉幕府は段階的に実行組織として成立したもので、頼朝が将軍になったのは朝廷側が名目上の承認をしたものに過ぎない」という見方が有力になっている。

そのように段階的な発展を続けていく中で、具体的にはどのタイミングで鎌倉幕府が成立したといえるのか。これについては諸説あるが、一一八五年（文治元）に朝廷が守護・地頭制度を認めた時とする説が現在は有力である。これによって武家が領主として各地を支配するシステムが成立し、日本は長い武家政権の時代に入った、と考えられるからだ。

さて、初期の鎌倉幕府は将軍・頼朝を頂点とし、彼が親政を行う形で出発した。だが、頼朝が死ぬとこの体制は速やかに変質する。父の後を継いで二代将軍となった頼家は弱冠十八歳の若者に過ぎず、彼に実権を渡すのをよしとしなかった有力武士たちは合議制による政権運営を望んだのである。

その中で主導権を握ったのは頼朝の妻・政子の実家である北条氏であった。幼少のころから艱難《かんなん》辛苦を乗り越えてきた天才政治家・源頼朝と、若き頼家を比べるのも無理があるから、これ自体は仕方がないといえるだろう。

しかし、頼家は北条氏との確執の末に死へ追い込まれ、後を継いだ弟の実朝は実権を得られないまま、暗殺されてしまった。将軍職を継承するはずだった源氏の正統は、ここに絶えてしまったのである。

結果として、義仲が先駆けとなり、頼朝が制度化した「武士の頂点として、源氏の血筋が継承する将軍」という存在は、わずかな間だけ歴史に現れ、消滅してしまうこととなった。その後、鎌倉幕府の将軍を務めたのは、北条氏が代々世襲する執権に担がれて権威付けの役目を果たすに過ぎない、摂家将軍・親王将軍であった。

源義仲

一一五四年〜一一八四年

地に落ちた太陽の将軍

一般には木曾義仲と呼ばれる彼も源氏の一族であり、源頼朝の従兄弟にあたる。しかし、義仲の父・義賢《よしかた》は勢力争いの末、頼朝の兄である義平によって討たれてしまう。これが義仲二、三歳のころのことだった。幼い義仲は信濃国は木曽へ逃され、やがて来る活躍のときまで山中で長く雌伏の日々を過ごすことになる。

ちなみに、このときに義仲を庇護したのは、彼の乳母の夫にあたる中原兼遠。その子供たちのうち幾人かが後の義仲の挙兵に参加し、後世に名を残すことになる。いわゆる「木曾四天王」のうち樋口兼光と今井兼平、および義仲の愛妾で女武者としても名高い巴御前がそうだ。

木曽の山から快進撃が始まる

義仲の運命が大きく動くのは一一八〇年（治承四）のことである。この年、後白河法皇の子・以仁王《もちひと》が反平氏の軍を挙げた。以仁王自身は敗死したものの、彼が発した「平氏討つべし」という令旨《りょうじ》が諸国の勢力に届けられ、全国各地で平氏に対する武力反乱が勃発した。ここから源平の合戦は始まったのである。

義仲は信濃の武士たちを取りまとめて力を伸ばすと、一時関東に進出したが、まもなく信濃に戻った。関東で兵を挙げた従兄弟・頼朝への遠慮、あるいは対立があったものと考えられる。続いて北陸へ進出した義仲は、倶利伽羅《くりから》峠（礪波山《となみ》）の戦いで平氏方の大軍と対峙する。

この際、義仲は長旅で疲れきっていた敵を夜襲、しかも白旗で味方を大軍に見せ、軍を七つに分けて包囲するなどの策を準備していた。これが見事に当たって恐慌状態に陥った平氏軍は、義仲の予想通りにただ一ヶ所空けられていた方向に逃げた——そこは地獄谷と呼ばれる谷で、多くの兵が転落して死んだ。義仲の戦術の冴えを感じさせる、奇跡の大勝利であった。ちなみに、『平家物語』は「牛の角に松明《たいまつ》をくりつけ突撃させた」とも伝えるが、これは創作と考える向きがある。

しかも、義仲は戦って強いばかりの猪武者ではなかった。当時、比叡山延暦寺は仏教の聖地であると同時に、強力な僧兵の軍団を擁する「京の守り」でもあった。義仲が北陸から京に入ろうと思ったら、これを何とかしなければならない。そこで義仲は平氏に先んじて延暦寺に使者を送って懐柔し、味方につけることに成功した。

朝日将軍、地に落ちる

破竹の進軍を続ける義仲の軍勢に対して平氏政権が選んだのは、京を明け渡して都落ちし、戦いを避けることだった。独自に京を逃れて比叡山にいた後白河法皇を奉じ、戦わずして京へ入った義仲はさぞ得意の絶頂であったことだろう。このときに法皇から与えられたと伝説にいう「朝日将軍（旭将軍）」の称号は義仲の代名詞にもなっている。

しかし、まるで朝日が中天を経て沈んでいくように、これ以後義仲の運命は急速に翳《かげ》っていくことになる。最大の問題は、義仲と法皇の関係が悪化したことだ。法皇たちの頭には「源氏の嫡流である頼朝を優先するべきだ」という考えがあったらしい。義仲の軍勢が京で好き勝手に暴れたために庶民の評判が最悪で、義仲自身も京風の礼儀作法をわきまえず無礼な言動が目立ったというのも、法皇やその側近の心証を害したのではないか。頼朝が公卿たちにも如才なく接し、評判もかなりよかったとされるのとは、まったく対照的だ。

結果、法皇は「第一の活躍は頼朝」として東国の支配権を認め、義仲が平氏が連れ去った安徳天皇に代わって推薦した天皇候補も拒否して後鳥羽天皇を立てた。このように頼朝と法皇が関係を強化する一方では、西国に逃れた平氏が態勢を整え、義仲の派遣した軍勢を打ち破った。京を手中にしたにもかかわらず義仲は追い詰められ、ついに武力によって法皇を攻撃し、幽閉する暴挙に出た。

一一八四年（寿永三）、義仲は征東大将軍に就任した。平氏との講和を模索していたというから、まずは東の頼朝を倒そう、という意識が強かったのだろう。しかし、このころにはすっかり弱体化していた義仲軍は、「法皇を救い出す」という大義名分を得た頼朝が派遣した源義経・範頼兄弟の軍勢の前に敗れた。せめて法皇を連れて北陸へ逃げようという最後の思惑もかなわず、信濃からついてきたわずかな兵とともに逃走中、義仲は近江国粟津（現在の滋賀県大津市）で矢に当たり、絶命する。

義仲は武将としては非常に優れた人物だった。延暦寺の一件に見るように、戦術だけでなく全体を見る戦略的判断もできたのだろう。しかし、政治――それも朝廷というある種の魔物に挑む戦いは、やはり不得手だったのだ。後に非業の死を遂げる義経とともに、源平合戦の最終的勝利者である頼朝とは対照的な人物だったといっていい。

源頼朝

鎌倉幕府・初代

一一四七年〜一一九九年

心を鬼とし、武家政権の礎を築く

頼朝は源氏の棟梁であった源義朝の三男で、母親の身分が高かったことから嫡男として扱われていた。そのまま何事もなければ、問題なく家督を継承し、源氏の長となったことであろう。しかし彼が十三歳のとき、父・義朝は平清盛と平治の乱で争って敗れ、東国へ逃げようとしたものの、殺されてしまう。幼くして平治の乱に出陣し、二人を射落としたという頼朝もまた、父と同じように東国への逃亡を図って、捕らえられた。普通ならそのまま殺されてしまうところなのだが、清盛の継母・池禅尼《いけのぜんに》に同じく清盛の嫡男の重盛といった人々が頼朝を気に入り、熱心に助命嘆願を行ったため、伊豆への流罪で許された。

女好きの性格が頼朝の運命を開く?

流刑地での生活は楽ではなく、生活用品に困って借りにいくようなこともあったようだ。

そんな中で、ある意味頼朝の運命を変える事件が起きる。

まず、当地の豪族・伊東祐親《すけちか》の娘と親密になって子ができたことから、巻き添えになって平氏に敵視されることを嫌った祐親に殺されかけた。

この危機から逃れた頼朝は、今度は別の豪族・北条時政の娘の政子と情を通じてしまう。この政子は女傑というにふさわしい女性で、頼朝との関係に気づいた父が縁談を仕組むや、頼朝とともに伊豆山神社（走湯山《そうとうさん》権現とも）に立てこもってしまったという。ここには多数の僧兵がいたので、時政たちも手出しはできない、というわけだ。後に政子が娘を産むと、時政もあきらめて二人の仲を認めた、とされている。こうして手に入れた妻と、後ろ盾としての北条氏が、頼朝の躍進を大いに助けることになる。

ただ、これでやめておけばいいものを、頼朝の女好きはどうやら相当のものであったようだ。伊豆時代からすでに亀前という妾を寵愛して政子の嫉妬を買い、後に政子が彼女の家を叩き壊させたとか。恋文を送った相手が別の男へ嫁入りさせられてしまったので、その父親にプレッシャーをかけたとか。頼朝の子を身ごもった女性が政子によって追い出されたとか（ただ、このケースでは相手の女性が頼朝に近い血筋だったことから、後の政争を予見して排除したのではないか、という見方もある）。とかく、女性にまつわるエピソードには事欠かない頼朝なのである。

山あり谷あり、波瀾万丈の挙兵

頼朝が反平氏の軍を挙げたのは一一八〇年（治承四）、従兄弟の源義仲と同じく以仁王の令旨を受けてのことであった。そこから源平の戦いが始まるわけだが、そう単純に話は進まなかった。伊豆における平氏勢力は駆逐できたものの、源氏にとってゆかりの地である相模国の鎌倉に拠点を築くべく移動中、石橋山で平氏方勢力に包囲され、散々に敗れてしまったのである。

このとき、平氏方の梶原景時《かげとき》が山中で頼朝を発見したものの、なぜか逃がしてしまったので、頼朝は九死に一生を得ることになった。その後、勢力を回復した頼朝は景時を傘下に加えると「一番の部下」というほどに大変重用した。平氏征伐に向かった源義経につけられて彼とたびたび対立して讒言《ざんげん》し、ついに頼朝・義経兄弟が決別する原因を作ったとされることでも有名である。すなわち、頼朝は弟よりも景時を信じたわけで、このときの一件が大きかったのかもしれない。そしてなぜ景時が頼朝を逃がしたのか。これは謎とされているのだが、もしかしたら頼朝の将来性に賭け、将来自分が出世するための布石を打ったのかもしれない。

実際、頼朝はあきらめなかった。海を渡って房総半島の突端である安房国へ逃げ延びると、陸路で上総・下総を経て武蔵国に入るという過程で、各地の武士たちを自らの支配下に収め、その軍団を急激に拡大していく。

これはもともと関東の武士たちの主である源氏の嫡流という権威が有効に働いたためでもあろうが、それだけでなく頼朝の外交力・交渉力が卓越していた証左でもあろう。

たとえば、合流に先んじて平氏方に反旗を翻していた下総国の千葉常胤《つねたね》に迎えられた際には感激して「父親のように思う」とまで言ったという。一方、上総国の有力者である上総広常が散々遅くなった末に二万という大軍を引き連れてやってきた際は援軍を喜ぶどころか激怒し、強く叱責した、とされる。これは源氏と平氏を天秤にかけてどちらをとるか計算していた広常の内心を見抜いたものであり、広常はすっかり圧倒されてしまった。

もちろん、こういう物語的なエピソードだけで関東の武士たちが頼朝に従ったわけではあるまい。実際には、彼ら自身に平氏や在地の他勢力との間にさまざまな利害関係があり、そこから頼朝に従う道を選んだのだと考えられている。しかし、頼朝という男が、源氏の権威を活用しつつ、政治的なセンスを発揮して勢力を伸ばしていったことは間違いない。

かくして屈強で知られた坂東武者たちをまとめて鎌倉に入った頼朝は、いよいよ後の鎌倉幕府につながる基盤作りを始めた。頼朝は源氏の嫡流ではあったが、たとえば義仲が頼朝に従おうとしなかったように、各地の源氏は必ずしも頼朝の部下ではなく、独自に活動していたのが実際のところだ。頼朝は平氏だけではなく源氏も相手にしつつ、源平の戦いの主導権を握るべく活動していく。

これを危険視した平氏政権も大軍を擁して頼朝を討とうとするのだが、両軍が雌雄を決するはずの駿河国・富士川の戦いは意外な結末を迎えた。坂東武者たちの恐ろしさにおびえていた平氏の軍勢は、水鳥が一斉に飛び立つ音を敵襲と錯覚し、戦わずして逃走してしまったのだ。頼朝の運の強さ、坂東武者の威名を表す有名なエピソードである。

平氏を滅ぼし、源氏を制し、朝廷を封じ……

この後も源氏と平氏を中心として各地で争いが続くわけだが、実のところ頼朝は源平の合戦にはあまり積極的には関与していない。

京を源義仲から解放し、京奪還を図る平氏を西国へ追い返し、ついに壇の浦で平氏の滅亡を見届けるに至ったのは、頼朝の弟である源義経や源範頼であって、頼朝自身ではない。

富士川の戦いで平氏の大軍を破って以後、頼朝は基本的に鎌倉にいた。そこで、関東各地の有力武家を押さえ込んで支配下とし、また後白河法皇に東国の支配権を認めさせるなど、勢力固めに邁進《まいしん》していたのである。軍事・警察的機構として侍所を設置するなど、後の鎌倉幕府の原型がこのころにはもう誕生している。

やがて平氏が滅ぶと、頼朝の敵は自らの権力を確立しようと企む後白河法皇や、平氏討伐の功績を誇って勝手な振る舞いの目立つ弟・義経らになり、丁々発止のやり取りが繰り広げられた。たとえば、頼朝が後白河法皇から先述した守護・地頭設置の許可を引き出したのは、「後白河法皇が義経に勝手に頼朝討伐の命令を出した」ことの責任を追及する中でのことである。

これらの対立の中で義経はかつて少年時代に庇護されていた東北の独立勢力・奥州藤原氏を頼って逃げたが、頼朝の圧力に屈した藤原氏によって殺害されてしまう。それでも頼朝が藤原氏を許すことはなく、大軍によってこれを滅ぼした。

実際、頼朝が以前から要望していた征夷大将軍に任ぜられたのは、藤原氏を攻め滅ぼした後、さらに後白河法皇が没してからだった。将軍の役職はあくまで名目上のものであり、鎌倉を中心として全国を支配する機構としての鎌倉幕府はすでに成立していたという。また、義経と藤原氏が滅んだ後は頼朝と後白河法皇の関係は良好になっていたともいう。それでも、やはり後白河法皇と朝廷は「天皇の代理人」に成り得る征夷大将軍という名を与えるのに躊躇《ためら》っており、頼朝がこの地位を得るには「東」の敵である藤原氏を倒すという功績と、後白河法皇の死が必要だったのではないか。

ちなみに、頼朝は将軍就任を命じる書類を受け取った際、朝廷からの使者に砂金を与えており、以後これが江戸幕府・徳川将軍の時代に至るまで慣行として残ることになった。

頼朝はなぜ死んだ?

流刑の身から出発し、父の仇である平氏政権を打ち倒し、朝廷を封じ込めて、その後永きにわたって続く武家政権の礎を作り上げた稀代の英傑、源頼朝——そんな彼の死には謎が多い。死因が何だったのか、どうにもハッキリしないからだ。

最も有力なのは『吾妻鏡』に見る「落馬後、まもなく亡くなった」という記述をもとにする「落馬説」である。ただ、これについても、落馬で何かの障害、たとえば脳出血などを患ってそれが死につながったのか、それとももともと何かの障害があって、それが原因で落馬したのか、史料は何も語ってくれず、ハッキリしない。そもそも『吾妻鏡』の記述は落馬と死の因果関係を明確に示したわけではないのでは、という意見さえあるのだ。

一方、公家の日記である『猪隈関白記』には「のどが渇いて尿の通じない病気」で亡くなったという記述があり、これは現代でいう糖尿病のこととされる。また、これ以外の複数の公家の日記にも、「病気で亡くなった」という記述が見られるので、少なくとも幕府としての公式発表は「病死」であったのだろう。

これらの史料の記述が全体的にどうにもあやふやであるため、「何か不名誉な死因だったのでは」という推測も生じている。たとえば、徳川家康が『吾妻鏡』の頼朝の死に関する記述を破り捨てた――理由は「不名誉を後世に残してはいけない」だった、などというエピソードまで伝わっているのだ。

さらに、「怨霊説」というのもある。頼朝が鎌倉幕府を作り上げるまでの間、多くの人々が非業の死を遂げた。平氏一門がそうだし、彼らに擁立された挙句に壇の浦で入水自殺することになった幼い安徳天皇もそうだし、弟・義経もそうだ。彼らが恨みのあまり怨霊となって、頼朝を祟り殺した、というものである。

もちろん、本当に怨霊が頼朝を殺したとは思えないが、多くの人がそのように信じたくらいの犠牲者を生み出した上にその偉業はあった、というのは事実であろう。

源頼家

鎌倉幕府・二代
一一八二年～一二〇四年

父の権威を継承できなかった
御曹司

若さゆえに実権を奪われた御曹司

源頼朝の長男として正室・北条政子との間に生まれた頼家は、武勇の誉《ほま》れある若武者として育った。一一九三年（建久四）に富士の麓で行われた巻狩《まきが》りでは十一歳で初めて鹿を仕留め、これは「山の神が頼家及び源氏の政権を承認した」ことを示すものであると受け取られ、鎌倉幕府は安泰であるかに思われた。しかし、頼家の生涯は悲劇としかいいようのない運命をたどることとなる。

一一九九年（正治元）に父・頼朝が亡くなると、頼家が家督を継承した。ちなみに、このときの彼は鎌倉幕府の長として「鎌倉殿」の称号は継承したものの、征夷大将軍に就任したのは三年後のことである。この時点ではまだ、幕府の長＝征夷大将軍と完全には結び付けられていなかったことがわかる。

それでも、頼家は幕府の長として、父のように絶大な権力を振るうはずだった。もし彼がこの時点で一人前の武士であったならば、そのようになっただろう。しかし、頼家は頼朝にとって遅くに生まれた子であり、このときわずか十八歳。父親のような優れた政治能力は望むべくもない——少なくとも、幕府の有力者たちはそう考えたらしい。

実際、そう判断されてしかるべき要素はいくつもあったようだ。頼朝以来の寵臣・梶原景時ら側近ばかりを重用する。乳母および妻の実家である比企《ひき》氏にも深く接近する。狩りに執着し、世間にそしられる。蹴鞠《けまり》に熱中する。領地争いの裁定という大事な仕事に対して、絵図の真ん中に線を引いて終わりというような乱暴な処理をする。ある御家人の妾を奪ったばかりか、その男を殺害しようとし、命がけで立ちはだかった母に制止される……どれも、成立したばかりの大組織の長としてはやってはならないことばかりだ。

結果、頼朝の死からわずか三ヶ月後、母方の祖父にあたる北条時政を中心とした有力御家人たちは頼家から訴訟の裁決権を剝奪する。その上で、十三人の宿老の合議制によって幕府を運営することを決めてしまったのである。しかもこれは合議制とはいうものの、実際には北条氏の権力が別格に据えられた体制であった。「北条将軍」ともいえてしまうような後の鎌倉幕府は、このときに始まったといってよい。

病床のうちにすべては終わり……

　頼家は政治から切り離され、封じ込められた形になった。しかも、側近である景時は、頼家を非難した人物を討伐しようと動いたことから逆に他の御家人たちの大反発を受けて追放、挙句の果てに道中を襲われて殺されてしまう。その背景には当然のことながら北条氏の影があったようだ。

　対して、頼家は比企氏と謀って北条氏からの実権奪還を企んだとされる。頼家には比企氏出身の妻との間に息子・一幡《いちまん》が生まれていたから、比企氏の勢力は確実に拡大しており、十分可能性はあったろう。だが、これはうまくいかなかった。一二〇三年（建仁三）、頼家が突然の病に倒れたからである。

　これを好機とみたのは北条氏であった。頼家の継承していた権限を二つに分け、半分を一幡に、残り半分を千幡《せんまん》（頼朝の次男）に与える処置に出たのである。これは頼家を頼って北条氏と戦おうとしていた比企氏としては許せないことだったため、武力反乱を企んだ。しかし、この計画を政子が盗み聞いたため、計画は失敗。当主の比企能員《よしかず》は誘い出されて殺され、一族も滅ぼされたのだった。後の禍根となりかねない幼い一幡もこのとき、殺害されてしまっている。

最後の企みも成就せず

残されたのはかろうじて命を拾った頼家だけだった。にもかかわらず、彼が生きているうちからその死が公表され、弟の千幡が源実朝として三代将軍に就任してしまう。

頼家は和田義盛・仁田《にった》忠常という二人の御家人に時政討伐を命じたものの、義盛は時政に内通し、忠常は殺害される。時すでに遅く、幕府の権力バランスは完全に北条氏へ傾いていた。結局、頼家は伊豆の修禅寺に押し込められて、翌年に何もできぬまま殺害されて、その短い生涯を閉じた。

このように頼家の生涯をたどってみると、その悲劇には彼自身の行いによる自業自得の部分もあったように見える。しかし、亡くなったときでさえ二十歳をいくつも出ないような若者であった。先述したような暴挙の数々にしても、一部は幕政から排除された後、その鬱憤を晴らすためのものだったのでは、ともみられている。

さらにいえば、北条氏と比企氏という二つの有力武家が対立する中、北条氏側が比企氏の求心力を低下させ、自らを正当化するために頼家を利用した可能性もあり、やはり哀れと感じざるを得ない。

源実朝

鎌倉幕府・三代

一一九二年〜一二一九年

歌に打ち込み、異国を夢見た将軍

三代目が和歌に熱中したそのわけは

実朝は初代将軍・源頼朝の次男であり、二代将軍・頼家の弟に当たる。幼名は千幡。病で危篤状態になった兄・頼家に代わって将軍となった。源氏の家督を継承するとともに征夷大将軍となったのは、彼が最初である。

この実朝は、政治にはまったく熱心でなく、ひたすら京風の文化——特に和歌に執心した人として知られている。

歌人として名高い藤原定家に師事し、自らも歌集『金槐《きんかい》和歌集』を残したし、『小倉百人一首』にも彼の歌「世の中は常にもがもな渚漕ぐ海人の小舟の綱手かなしも」が収録されているほどだ。

彼の歌道趣味は趣味の領域にとどまらず、政治の場での判断まで、歌を優先させたという。しくじって勘気に触れた御家人が歌によって罪を許された、あるいは謀反の罪に問われたものの歌のおかげで許された、といった話がいくつか伝わっている。『吾妻鏡』にも「武士の本分は武芸ではなく歌になってしまった」といった意味の嘆きが記されていたほどで、一種の「和歌オタク」といってもいいだろう。これほどまでに実朝が和歌に熱中したのは、彼が実権のない「傀儡将軍」だったから、とされている。

幕政は母・北条政子の実家である北条氏に握られ、後にこの一族が代々継承する執権職こそが実質的な幕府の中枢になっていた。それどころか、将軍就任の翌年には祖父にあたる北条時政が実朝を廃して新たな将軍を就任させようとする動きまであった。この陰謀自体は時政の子・義時と政子によって制止され、時政は隠居に追い込まれたものの、実朝の力のなさ、立場の危うさがよくわかる事件といえよう。

幕府内部の争いはこの後も続き、一二一三年（建保元）には侍所別当、つまり幕府の軍事機構の長である和田義盛と北条氏の対立が表面化し、鎌倉を巻き込む和田合戦と呼ばれる争いの末、義盛が敗れて死んだ。北条氏の勢力拡大は着実に進んでいた、と考えていいだろう。

ただ、近年の研究では、必ずしも実朝は和歌だけに熱中したのではなく、行政機構である政所の整備を推し進めるなど、政治にもかかわっていたのではないか、と考えられるようになっている。実際、「政治に介入してきた僧侶を一喝する一方で、後に自らその僧侶をねぎらって角が立たないように配慮した」とか、「頼朝時代のことをきちんと勉強していた」などのエピソードも残っている。

それでも、宋（中国）に渡ろうと船を造らせたが、これがうまく海に浮かばなくて失敗した——などという有名なエピソードに見られるように、どうにも「武士らしくない」人物であったことは間違いない。政治にどれだけ熱心になろうと北条氏の影響力からは逃れられない、そんな無常観が彼の目を歌や異国に向けさせた、という側面は間違いなくあったのだろう。

死の陰に見え隠れする、幕朝関係

そんな実朝が死んだのは、まだ二十七歳のときのことだ。

彼には子ができなかったが、兄・頼家の忘れ形見である公暁《くぎょう》を猶子《ゆうし》としていた（後継者としては後鳥羽上皇の皇子・頼仁親王が予定されていた）。ところが、この公暁は「父が死んだのは実朝のせいだ」と思い込んでおり、鶴岡八幡宮にいた実朝を襲撃、暗殺してしまった、というのだ。

実はこの事件の背景には、当時の幕府と朝廷の確執があったのでは、という見方がある。長じた実朝はもともと京風文化を好んでいたせいもあってか、朝廷に、そして後鳥羽上皇に深く傾倒していたとされる。上皇側もこれに応えるように、実朝を最終的に右大臣にまで引き上げた。これは先例を考えると異様な官位昇進であった。

後鳥羽上皇は何とかして武家政権から朝廷へ実権を取り戻そうと考えていたふしがあり、そのために実朝を取り込み、鎌倉幕府を骨抜きにしようとしていたのでは——というのは、非常に筋の通る説といえよう。

とすれば、鎌倉幕府側の誰かが実朝の存在を危険視し、これを排除することで朝廷の影響力を排除しようとしても、まったくおかしなことではない。そうでなくても、京風文化を好み、「武士らしくない」実朝を苦々しく思うものは少なくなかった。せっかくの武家政権を守るために少々強硬な手に出るものがいるのも、自然な話だ。無論仮説の域は出ないし、誰が黒幕かもわからないのだが。ともあれ、実朝の死によって事態は大きく動くことになる。朝廷と幕府の関係が悪化し、直接対決が始まるのだ。

第三章

摂家将軍・親王将軍
——鎌倉時代②

源実朝の暗殺によって、源氏の嫡流は途絶えてしまった。そこで鎌倉幕府を牛耳る北条氏は、源氏とは別の高貴な血筋から将軍を求めることにした。この体制が鎌倉幕府滅亡まで続くことになる。

まず、四代目の藤原頼経と五代目の藤原頼嗣は藤原氏の出身である。その血筋でも特に嫡流として摂政・関白・太政大臣に就任しうる「摂家」のひとつ九条家の出身なので、「摂家将軍（藤原将軍とも）」と呼ばれる。続いて六代目の宗尊《むねたか》親王から九代目の守邦《もりくに》親王までは「親王」の名のごとく天皇家の出身であり、「親王将軍（宮家将軍とも）」と呼ばれる。

彼らは名目上のトップとして鎌倉幕府に君臨したわけだが、実権を握ったのはもちろん北条氏だった。特に執権職（本来の意味は将軍の補佐）を世襲する北条本家は「得宗家《とくそうけ》」と呼ばれ、絶大な権力を誇った。

執権独裁に至る複雑な過程

とはいえ、北条氏は最初から鎌倉幕府を独裁的に支配していたわけではない。征夷大将軍をこそ神輿《しんよ》として扱ったものの、他の御家人たちに対しては、強攻策で攻め滅ぼすような態度と、尊重して懐柔する態度を使い分けていた節がある。

すなわち、梶原景時・比企能員・畠山重忠・和田義盛といった有力御家人が北条氏によって攻め滅ぼされた一方で、二代将軍・源頼家を排除した際には十三人の宿老による合議制を形成したし、その後執権として大きな力を持つようになってからも、しばらくは御家人たちの意見をうまく取り入れようとする姿勢が見られたのだ。

そもそも鎌倉幕府そのものの窮地になりうる事件もあった。一二二一年（承久三）には後鳥羽上皇が武家政権をひっくり返し、天皇・公家政権の世を取り戻そうと挙兵する承《じょう》久《きゅう》の乱が起きている。これを御家人たちの結集によって乗り切った鎌倉幕府は、朝廷と天皇に対して優位を確立し、その政権運営は安定期に入ったといっていいだろう。

その鎌倉幕府も、やがて衰退の時期に入っていく。要因は大きく分けてふたつ。

ひとつは、御家人たちの窮乏が進んだことだ。この時代の武士たちは子供が複数いれば領地を分割して相続するのが当たり前だったので、代を経るごとに御家人たちの領地は小さくなり、結果として貧乏な御家人が多数生まれることになる。

しかも二度の海外勢力の侵攻――元寇《げんこう》がこの傾向に拍車をかけた。戦っても得るもののない防衛戦では幕府としても大した恩賞を与えることができず、御家人たちはさらに窮乏していくことになる。無論、彼らの不満は膨れ上がっていく。

もうひとつは、執権を継承する北条得宗家を中心とする独裁体制がさらに強固なものになっていったことだ。この傾向は、特に親王将軍の時代に顕著である。

これはむしろ先に紹介したような御家人の窮乏や元寇という緊急事態に対抗してのものであり、北条氏の勢力を強め、執権を中心に幕府をまとめて危機を乗り越えよう、という意識が強かったようだ。にもかかわらず、やり方がまずかったせいで、むしろ「我々は幕政から排除されている」と御家人たちの不満をさらに強めてしまう結果になるのだから、自業自得というべきか。

このような御家人たちの不満の高まりを背景として、鎌倉幕府の崩壊は始まる。その主役となるのは、幕府に奪われた政権を朝廷に取り戻そうと企む後醍醐天皇であった……。

「北条将軍」が実現しなかった理由は?

絶大な力を持っていたにもかかわらず、北条氏は最後まで将軍の地位を得ようとはしなかった。それはなぜだろうか。大きく分けて、二つの説が挙がっている。

ひとつは、北条氏には権威が足りなかった、というものだ。「貴種性」と言い換えてもよい。北条氏は「新皇」を名乗った平将門や、平清盛ら平氏政権などと同じ桓武平氏の一族なのだが、勢力規模としては決して大きくなく、元は伊豆の一豪族に過ぎなかった。それが源頼朝という男に賭けた結果として鎌倉幕府の中心的な位置を占めることになりはしたものの、「源氏の嫡流」というビッグネームに取って代わるような血筋ではない。

そこで、代々朝廷の政治にかかわってきた藤原摂家や、天皇の血筋を将軍として祭り上げ、その権威を利用することで、鎌倉幕府を運営していった、というわけだ。

もうひとつは、北条氏としては将軍になろうと思えばなれたがあえてならなかった、というものだ。彼らに生来の権威が不足していたという点では先の説と同じだが、それに「北条氏としてはもともと頼家以降の源氏の血筋にも見切りをつけていて、親王将軍を見据えていた」という見方が加わる。

なぜかといえば、天皇の血筋を継ぐ幕府の長は、武家の頂点と朝廷の頂点の両方を主張しうる巨大な権威になるからだ、というわけだ。この日本史上稀に見る権威を、北条氏としては傀儡として活用できるわけだから、自らが無理をして将軍になるよりよっぽど賢いではないか、というわけである。

藤原頼経

鎌倉幕府・四代

一二一八年〜一二五六年

親王の代わりに招かれた摂家の血

「中継ぎ投手」としての将軍就任

幼名は三寅《みとら》。頼経は藤原摂家のひとつ、九条家の祖である藤原兼実《かねざね》のひ孫にあたる。この兼実は関白にまで上りつめた公卿であるとともに、朝廷における頼朝の協力者の筆頭というべき存在であった。しかも、頼経の母は頼朝の姪の娘にあたる。つまり彼はわずかながら源氏の血を引いている、というわけだ。

にもかかわらず、頼経という人は四代将軍の第一候補、というわけではなかった。子供のいなかった三代将軍・源実朝には生前から後継者候補が定められていた。それが後鳥羽上皇の皇子・頼仁親王だ。ところが、実朝暗殺事件を受けて上皇がこの約束を反故《ほご》にしてしまった。理由は「それを認めれば、日本が東西二つに分かれてしまうだろう」というもの。実朝という、天皇にとってコントロールしやすい手駒を失ってしまったため、天皇の血を引く将軍を擁した幕府が彼の手におえない形でさらに勢力を強め、征夷大将軍が「もうひとりの天皇」になるのを恐れたのだろうか。

これを受け、代わりの将軍候補が必要になった。それでようやく白羽の矢が立ち、いわば「中継ぎ投手」としてお呼びがかかったのが、頼経だったのである。時の執権・北条義時の弟である時房が一千騎を率いて上洛し、プレッシャーをかけることで朝廷もこれを認め、二歳の頼経が鎌倉に向かうことになった。征夷大将軍に就任するのはしばらく後のことだが、幕府の長である「鎌倉殿」としてすでに認識はされていたという。実際には北条政子が後見人として政治を取り仕切ったことから、彼女は「尼将軍」と呼ばれた。

源氏の嫡流とつながりがあるとはいえ、源氏の一族自体は東国の各地に存在する。にもかかわらず北条氏が頼経を選んだのは、将軍をただの神輿としてしか考えておらず、かつ源氏の血よりさらに格の高い摂家・親王の血を権威付けとして欲していたから、という。

承久の乱と「尼将軍」北条政子

頼経が鎌倉にたどり着いた翌年、鎌倉幕府は存亡の危機を迎えた。武家政権打倒を目指す後鳥羽上皇が、討幕の兵を挙げたのである。いわゆる承久の乱であった。もちろん、この一件に幼い頼経は一切関与していない。

上皇としては武家連合としての幕府を分裂させようという企みがあったらしい。実際、彼の下には畿内近国の武士どころか有力御家人まで集まった。また、討伐対象を執権・義時ただひとりに絞ったこともあって、少なからず鎌倉の御家人たちも動揺したようだ。

その思惑を覆したのは、誰あろう政子だった。彼女は御家人たちを自らの屋敷に集めると、頼朝が彼らに与えた恩について切々と訴え、その恩に報いよ、幕府のために戦え、と演説する。これこそが承久の乱のターニングポイントだったといっていい。御家人たちの動揺は収まり、京へ急行した幕府軍は朝廷軍を一蹴。後鳥羽・順徳・土御門《つちみかど》の三上皇はそれぞれ配流《はいる》となり、仲恭天皇は廃位された。朝廷方についた武士たちも次々と処刑された。

さらに「六波羅探題《ろくはらたんだい》」という京の守護・朝廷の監視を役目とする組織が新たに設立された。承久の乱を経て、幕府は朝廷に対して圧倒的な優位に立つに至ったのである。

鎌倉の「大殿」として陰謀をめぐらした男？

一二二六年（嘉禄二）、頼経は将軍に就任する。元服したのはその前年のことで、八歳での元服は異例のことであった。四年後には二代将軍・頼家の遺児で、残された数少ない頼朝の子孫である竹御所を妻に迎えている。

正式に将軍となっても、彼が傀儡であることに変わりはなかった。それでも、長じてみれば実権への欲求というものは出てくるものだ。また、いくら実権を剝奪されていても、将軍という名があれば、有力御家人のうち幾人かは接近もしてくる。結果、頼経の周辺には北条氏の中で最も得宗家に近い名門の名越光時や、三浦氏、千葉氏などが集まり、ある種の派閥を形成した。これを放置していれば、頼経が実権を握るということもあったかもしれない。もちろん、そんなことを北条氏が許すはずもない。一二四四年(寛元二)、時の執権・北条経時は強引に彼を将軍の座から退かせ、代わってわずか六歳の頼経の子・頼嗣を元服させ、将軍としたのである。

頼経は将軍から追われた程度ではあきらめなかったようで、出家しながらも鎌倉に残って「大殿」と呼ばれ、さらに京へ追放された後も地位回復に動いていたようだ。結局はシンパたちも次々と処罰され、息子の頼嗣も同じく将軍の座を追われて京へ追われ、しばらくして父子ともに短期間に連続して死んでしまった。このあたりの事情は頼嗣にも深くかかわってくるため、詳しくは次項で紹介する。

藤原頼嗣
鎌倉幕府・五代
一二三九年〜一二五六年

「とばっちり」で京に戻された将軍

徹底的に翻弄された将軍

四代将軍・藤原頼経の子として生まれた頼嗣がわずか六歳で将軍になったのは、一二四四年（寛元二）のことである。先に述べたとおり、二歳で鎌倉にやってきた父・頼経が長じて傀儡将軍の立場からの脱却を試み、先手を打たれて将軍の座を追われたがための将軍就任であった。

本書で紹介する将軍の中にはその生涯を他者の傀儡として、実権をほとんどもたず生きたものも少なくない。その中でも特に、頼嗣という人の生涯は哀れだ。彼はまったく使い捨ての道具のように将軍にされて、都合が悪くなったら、より良い道具と交換され、放り出されてしまったのだ。

残念ながら、将軍としての頼嗣には特筆するべきことがほとんどない。彼が将軍だった時代に起きた事件は、彼自身よりむしろ父で先代将軍の頼経に深くかかわる形で起きているからだ。頼嗣という人には、周囲の争いに巻き込まれた犠牲者の影が色濃い。

将軍の地位を無理やり追われた頼経はすぐには京に戻らず、鎌倉に残って復権のための活動をしていたと考えられる。そんな中、執権・北条経時が病に倒れ、代わって弟の北条時頼が執権職に就いた。

これを好機と見たのか、以前から頼経派であった名越光時が得宗家打倒に動く。名越家は北条一族の中でも得宗家に最も近い名門であり、頼経を擁して自らが執権になろう、という野望もあったかもしれない。この時期には北条氏内部に無数の分家ができていて、それによる混乱に乗じる部分もあったろう。

この「宮騒動」と呼ばれる事件の勝者になったのは得宗家であり、時頼だった。光時は最終的に伊豆へ配流され、それ以外の頼経派も多く処罰された。頼経自身も、この事件を機に京へ追放されてしまう。

幕府による処罰はこれだけでは収まらなかった。頼経の父、頼嗣の祖父である藤原道家が、関東申次《もうしつぎ》という幕府と朝廷の連絡役にあたる職を辞めさせられてしまったのである。

九条家はその祖である兼実の時代から幕府と朝廷のホットライン的存在であり、彼らがいたからこそ幕府の朝廷政策は円滑に進んできた。そんな九条家が粛清されたということは、幕府はもう彼らがいなくなっても朝廷に対して強い発言権を行使できるということであり、彼らの朝廷政策がさらに一歩段階を進んだということであった。幕朝関係のつなぎ役としては新たに西園寺家が置かれ、かつての九条家と同じ役割を担うようになった。

それはまた、後ろ盾を失って鎌倉の地にひとり残された幼い頼嗣の立場が風前の灯というのも哀れなほどだった、ということでもある。

とばっちりで将軍の座を追われる

それでも頼経は権力の奪還をあきらめなかったようだ。以後の数年で起きる事件のいくつかに、彼および頼嗣がかかわっていたのでは、少なくとも彼を擁立するつもりで動いていたのでは、という節がある。

たとえば、一二四七年（宝治元）に北条氏の挑発を受けて挙兵した有力御家人・三浦氏は以前からの頼経シンパで、頼経を鎌倉に戻すべく動いていたものの、合戦で敗れて自害へ追い込まれてしまった。これを宝治《ほうじ》合戦という。

さらに、一二五一年（建長三）に僧侶の了行らが幕府転覆・北条氏討伐の陰謀を企て、露見して処罰された際にも、頼経の名前が出た。この時点で、北条氏としては頼嗣の利用価値に見切りをつけた節がある。

そもそも、概要の項で紹介したように、北条氏は最初から親王将軍をこそ希望していたのであり、摂家将軍はほとんど「つなぎ」程度の意味でしかなかった。かつて後鳥羽上皇の時代に親王将軍を望んだ際にはかなわなかった。しかし、承久の乱での勝利を経て、当時と今では幕府と朝廷の力関係は大きく変わっている。

結果、一二五二年（建長四）に後嵯峨天皇の第一皇子である宗尊親王が鎌倉に迎え入れられると、代わって頼嗣は「父に加担し、北条氏を追放しようとしたのではないか」という疑いをかけられてしまい、将軍職から廃せられ、京へ追放された。それはまさに「用済み」とでも表現するべき処置であった。頼嗣はしばらく京で暮らしたが、父と同じ年に亡くなっている。

このときの頼嗣、わずかに十四歳。彼に何か致命的な落ち度などあったはずもなく、完全に「とばっちり」で将軍の座を追われたことになる。将軍になったときも父のとばっちりと北条氏の都合。将軍を辞めさせられたときも、状況はまったく同じだった。どうにも哀れみを禁じ得ない将軍といえよう。

宗尊親王

鎌倉幕府・六代
一二四二年〜一二七四年

「天皇の血を引く」将軍

最初の親王将軍

宗尊親王は「親王」という名のとおり皇族の出身で、後嵯峨天皇の第一皇子である。普通に考えれば天皇になるはずの人物だ。にもかかわらず、父の皇位を継承したのは第三皇子の後深草天皇で、その後を継いだのは第五皇子の亀山天皇だった。原因は、彼は父が天皇に即位する前に生まれた子であり、中宮の子ではなかったからだろう。後から生まれた弟たちばかりが即位するこの状況を見る限り、彼に即位の可能性はなかったようだ。

一方、鎌倉幕府を主導する北条得宗家は以前から「親王を将軍として迎えたい」と考えていた。断絶してしまった源氏の血に代わる神輿として、神の末裔と信じられ、古くより日本を統治してきた天皇の血を超えるものは考えられない。藤原頼経・頼嗣も藤原摂家という高貴の血を引いてはいたものの、親王将軍の成立をもくろむ北条氏にとっては所詮つなぎの将軍に過ぎなかった。

かつて後鳥羽上皇の時代には話が半ばまで進みながら拒否されてしまったわけだが、当時とは朝幕関係もまったく変わっていた。朝廷は六波羅探題によって厳しく監視され、軍事力を持つことは許されず、所領は一度没収された後改めて与えられたものだった。後嵯峨上皇自体が、天皇への即位にあたっては幕府の思惑が強く絡んでいる——天皇を誰にするかという問題にさえ、幕府にいちいち許可を得るような有様だったのだ。

このような背景もありつつ、以前から親王将軍を迎えたかった幕府と、息子・宗尊親王の落ち着き先が必要だった時の後嵯峨上皇、両者の利害が一致する形で一二五二年（建長四）、鎌倉幕府六代目の将軍が誕生したのである。彼に押し出される形で先代将軍の頼嗣が京へ追いやられたのは、すでに紹介したとおり。

このことは北条得宗家にとって記念すべき出来事であり、宗尊親王が鎌倉に入るにあたっては、非常に賑々《にぎにぎ》しいパレードが行われたと伝わる。また、最初の将軍である頼朝の大倉御所、摂家将軍の始まりである頼経の若宮大路御所に続いて、宗尊親王のために新たな若宮大路御所が築かれたのも、時代の移り変わりを感じさせる、いや得宗家が意図して変化を印象付けようとした結果のように思われる。

和歌と学問に生きがいを求める

当然のことながら、宗尊親王にも幕政の実権は与えられていない。これまでの摂家・親王将軍と同じく、彼もまた北条得宗家の傀儡、権威付けのための将軍に過ぎなかった。そのため、記録に残っている彼の将軍としての業績は、鶴岡八幡宮への参詣など儀礼的なものばかりである。

そんな宗尊親王が生きがいを見出したのは和歌であり、また学問であったようだ。このあたりは三代将軍・源実朝に似ている。特に和歌については『瓊玉和歌集《けいぎよくわかしゅう》』をはじめとして多くの歌集を残し、『続古今和歌集《しよく》』にも彼の歌が収録された。たびたび歌会を開いていた、という記録も残っている。二十五歳になった一二六六年（文永《ぶんえい》三）、宗尊親王は御所から出されて別の屋敷に移された後、ついに京へ帰されてしまった。京に戻された彼は当初、父である上皇に再会することもできなかった——上皇が幕府に敵視されることを恐れたからだ。その後、幕府からの働きかけがあって親子の再会はかなったものの、当時の朝幕関係がどんなものであったかをしのばせる出来事といえよう。

追放の理由については「何らかの形で謀反を企んだからだ」というが、これまでの将軍のように何らかの事件や粛清が起きたということもなく、実際にはまったく造反の動きはなかったようだ。幕府としては単純に「ただのお飾りであっても成長した以上は何があってもおかしくない」と判断したのだろう。

また、執権・時頼の後継者として本来は息子の時宗が立つべきだったのだが、このとき弱冠十六歳だったので、「幼い執権が年上の将軍の代行をする図式は威厳に欠ける」という事情があり、そのために将軍を交代させる必要があったのでは、という見方もある。実際、一時的に別の人物が執権を務めたのち、将軍が交代して二年後に時宗がその地位についているため、なかなか説得力がある。

若くして京に戻った後は、静かに暮らしていたようだ。『増鏡』は「いとしめやかに」と表現している。

このころの彼の心境を物語るであろう、こんな歌が残されている。「虎とのみ用ゐられしは昔にて　今は鼠のあな憂世の中」——将軍であったころ、自分は虎として使われていたけれど、今は鼠だ。張子の虎であっても、鼠の今よりはましだ、という気持ちだろうか。幕府に、いや北条得宗家にいいように使われた後、三十三歳で亡くなるまで、彼はそんな気持ちを持ち続けながら生きたのだろうか。今となっては、推測するしかない。

惟康親王
鎌倉幕府・七代
一二六四年〜一三二六年

元寇の時代の傀儡将軍

惟康《これやす》親王は先代将軍である宗尊親王の子として生まれ、一二六六年（文永三）に父が追放されたため、わずか三歳で将軍となる。その後、二十三年間を将軍として過ごし、二十六歳のときに親王となっている（そのため、彼を「惟康王」と呼ぶ向きもある）。

異様な形での「送り返し」

二十六歳になった一二八九年（正応二）、次代の久明親王と交代する形で将軍職を追われる。そのとき、移動手段である網代《あじろ》車は逆さまであった、という。これは明らかに異常なことだ。

この際、人々は「将軍が京へ配流される」と噂した。配流というのは本来罪を受けて僻地に流されるものだが、日本の中心であるはずの京への配流、というのはおかしい。にもかかわらず、彼らが「配流」という表現を使ったのは、鎌倉＝武家政権と京＝朝廷の関係が決定的に逆転していたことを意味する。また、そのことに対する揶揄《やゆ》の意味もあったのだろう。成り上がりの武士たちが、すっかり天皇や公家たちをないがしろにしている、と。

京に戻された惟康親王は、仏門に入って嵯峨の地で暮らしたという。『増鏡』が「いとかすかにさびしくておわす」と記述するように、他の「元将軍」たちと同じように静かな余生を送ったものと思われる。六十三歳という異例の長寿を全うしたことは、果たして本人にとって幸福であったのか否か。

元寇の時代の将軍

惟康親王個人が何かをなした、という記録は少ない。二十三年という在任期間についても、二十六歳という将軍を辞した際の年齢についても、源頼朝を除いて最長であるにもかかわらず、だ。鎌倉幕府の将軍たちはその多くが悲劇的な生涯あるいは死を余儀なくされているのだが、彼についてはその悲劇さえ影が薄い。政権の長であるにもかかわらずのこの存在感のなさ——それこそが惟康親王という人の真の悲劇なのかもしれない。

しかし、彼が将軍を務めていた時期には、鎌倉幕府の歴史を語る上で、いや日本史上においても絶対に欠かせない重大な事件が起きている。元寇――中国の元王朝が二度にわたって侵略を仕掛けてきたのである。

一二六八年（文永五）、すでに属国化していた高麗（朝鮮）を経由して、元から恭順を求める国書が送られてきた。時の執権・北条時宗ら鎌倉幕府は「返書は送らないこと」「西国の守護たちに海外からの侵略に対して備えをさせること」を決定した。その後、国書が一度届き、これも幕府が黙殺すると使者が訪れたものの、幕府は頑として要求を撥《は》ね除《の》けた。

幕府が強気一辺倒の対応に出たのは、海外情勢に対する情報不足があったようだ。もし、元という強大な帝国に対して正しい知識があれば、外交交渉はもっと別な形をとっただろう。防衛準備にしてもあまり積極的でなかった。使者が来てようやく、「九州に所領のある東国の御家人は防衛の準備をすること」と命令したり、困窮して所領を失っていた御家人たちに徳政令を発して所領を取り戻させて支持を得るなどの準備を進めていたのである。

侵略者を打ち倒したのは「神風」だったのか？

一二七四年（文永十一）、元による一度目の侵略が行われた。文永の役である。この際は、幕府側の無知による準備不足に、火薬による爆発を利用した兵器「てつはう」や、当時の武士たちにとっては予想外であった集団戦術を駆使する元軍の強さもあいまって、幕府軍は大変な苦戦をすることになった。

ところが、夜になって船に戻った元軍は、そのまま朝になると船ごと姿を消していた。一般には「神風」——すなわち暴風雨によって壊滅したとされているが、何らかの形で内紛が起きた、もしくは幕府軍の激しい抵抗がその原因になったという見方もある。

それでもフビライはあきらめなかった。一二八一年（弘安《こうあん》四）、再び元軍が襲来する。こちらは弘安の役と呼ばれる。この際には、さすがに前回で懲りていた日本側が長大な防塁を構築するなど万全の準備を整えており、また被征服地の軍隊を中心とする元軍の士気が低かったこともあって、幕府軍の勝利に終わった。このときにも暴風雨が元の船を直撃し、大きな被害を与えた、ともいう。

こうして見事に防衛を果たしたものの、元寇を機にただでさえ困窮していた御家人たちはさらに貧しくなり、不満が高まっていき、幕府の滅亡につながっていくことになる。すなわち、惟康親王という影の薄い将軍の時代に、鎌倉幕府の運命は奈落に落ち始めた、ともいえよう。

南北朝内乱の予兆を感じさせる

久明親王
鎌倉幕府・八代
一二七六年～一三二八年

久明《ひさあきら》親王は後深草天皇の第六皇子で、一二八九年（正応二）、惟康親王に代わって征夷大将軍となった人物である。先代と同じく、彼も将軍就任時代に特筆すべきエピソードはない。将軍時代の業績としてわかっているのは、寺社への参詣などの儀礼的活動ばかりである。一三〇八年（延慶元）、将軍職を辞めさせられて京に戻され、仏門に入ってその後の生涯を送った。京での暮らしについてはよくわからないが、歌道の名門である冷泉家の娘との間に子を儲けていることから、結構のびのびと暮らしていたのではないか、という見方もある。代々の将軍と同じく、久明親王もまた北条得宗家の傀儡であった。彼が将軍であった時代に北条氏内部での抗争が勃発し、連署《れんしょ》の北条時村が「将軍の命である」と主張するものによって殺害される、という事件が起きた。これが本当に久明親王の意思であれば彼の存在に一定以上の意味があったといえようが、実際にはただの御輿《みこし》として扱われていただけに過ぎなかったのだ。

持明院統と大覚寺統

ただその一方で、この人が将軍になったことには意味があった。その理由は彼個人ではなく血統にある。この時代、皇統は「大覚寺統《だいかくじとう》」と「持明院統《じみょういんとう》」のふたつに分裂しており、それはやがて鎌倉幕府の崩壊と南北朝の内乱にもつながっていく大問題であったのだ。

そもそもの始まりは後嵯峨上皇にあった。宗尊親王の項で紹介したように、この人の次は後深草天皇、続いて亀山天皇と皇位が継承されていったのだが、後嵯峨上皇としては性格に陰湿なところのある兄・後深草上皇よりも、明るく健康的な弟の亀山天皇を寵愛していたらしい。その次の皇位を亀山天皇の子と定めてもいる(後の後宇多《ごうだ》天皇)。

ところが、後嵯峨上皇は兄弟のどちらに朝廷の実権を渡すか(これを「治天《ちてん》の君《きみ》」という)を決めないまま亡くなってしまった。幕府の介入もあり、とりあえず後宇多天皇の即位は決まったものの、以後両者はどちらの血筋から天皇を出すか、どちらが朝廷の主導権を得るか、さらには天皇のものである広大な荘園をもめぐって、争うことになったのだ。

後深草の血筋を持明院統、亀山の血筋を大覚寺統という。前者は後深草の、後者は後宇多の居所が由来となっている。

久明親王が将軍になった背景

一二八八年（正応元）、幕府の意を受けて後宇多天皇の後に天皇となったのは、後深草上皇の皇子である伏見天皇だった。亀山上皇が進めていた朝廷改革が幕府にとって不快であったこと、持明院統が積極的に対幕工作を繰り広げていたことなどが原因だったようだ。

翌年、将軍として迎えられたのが後深草天皇の皇子である久明親王だったのだから、この意図は明白である。幕府は天皇と将軍を持明院統で揃えたのである。ちなみに、惟康親王は後深草の血筋でも亀山の血筋でもないが、妹が後宇多天皇の後宮に入っていた関係から大覚寺統の一派に属する、と考えるべきだろう。この大覚寺統からついに後醍醐天皇が現れ、鎌倉幕府を倒す――とあっては、久明親王の将軍就任が決して小事ではなかったことがわかってもらえるだろう。もちろん、別に幕府はずっと持明院統支持ではなく、大覚寺統寄りになった時期もあったため、このことを過大評価するのも危険ではあろうが。

「両統迭立」と及び腰の幕府

持明院統と大覚寺統はその後も天皇の座をめぐって争った。一二九〇年（正応三）には数人の武士が内裏に乗り込んでの伏見天皇暗殺未遂事件が発生している。この際、黒幕は大覚寺統なのでは、という憶測が立った。

ただ、犯人が自殺した際に使った刃物は時の将軍である久明親王の親族のものというのが、別の形の陰謀を想起させもするのが微妙なところともいえそうだ。

伏見天皇の次はその子の後伏見天皇。しかし、次は大覚寺統に移って後宇多天皇の子、後二条天皇。さらにその次が持明院統に戻って、後伏見天皇の弟の花園天皇。このころには大覚寺統寄りであった幕府は、両派の争いを収めようと「両統迭立《りょうとうてつりつ》」を提案した。これは、「天皇を順番に出しましょうよ」という手打ち案で、このときに天皇を出していない大覚寺統に有利な形であったといえよう。そうでなくても、この時期の幕府には問題が山積し、朝廷にまで争われては困る、と思ったのかもしれない。結局、持明院統と大覚寺統は幕府の勧告に従い一三一七年（文保《ぶんぽう》元）に「文保の和談」と呼ばれる協議をしたものの、これが決裂。両統の争いはさらに続く（ただ、大覚寺統からの後醍醐天皇即位は通っている）。この際、幕府は「皇位継承争い」にはかかわらないと責任問題を朝廷に押し付けるような逃げの宣言をしており、幕府の衰退を感じさせる一事といえよう。

守邦親王
鎌倉幕府・九代
一三〇一年〜一三三三年

鎌倉幕府とともにこの世を去る

守邦《もりくに》親王は鎌倉幕府最後の将軍であり、その消滅と同じ年に死んだ将軍でもある。父は先代将軍の久明親王であり、母方の祖父にあたるのが先々代将軍の惟康親王。血筋だけを見れば実に高貴だ。しかし、幕府の実権を持たず、業績自体もほとんど記録に残っていないのは、摂家将軍・親王将軍のほとんどに共通する特徴であり、守邦親王もその例外ではない。

わずかに残されている記録によれば、神社の造営にかかわったり、寺の住持を務めたり、といった文化的な事業に彼の名前が登場する。直接的には政治にかかわりのない、宗教や文化活動にのみ担ぎ出されたと考えると、この時代の将軍がいかに象徴・神輿に過ぎなかったか、がよくわかるというものではないか。

しかも興味深いことに、守邦親王の時代においては「二所《にしょ》」として特別扱いであった箱根神社と伊豆山神社への参詣を、将軍ではなく得宗が行っている。得宗の権力が強化されていく過程で、象徴としての立場さえも奪われつつあったのだろうか。では、将軍とは何のためにいるのか？　これはむしろ、北条家の暴走を示す事件であるように思われる。

加熱する討幕運動

守邦親王が将軍だった時代に起きた最も大きい事件、それは鎌倉幕府の滅亡に他ならない。その主役を務めたのが、大覚寺統から出た後醍醐天皇である。彼は幼帝が続いて実際の政治は上皇が行うことの多かったこの時期には珍しく少壮で即位した天皇であり、また、強烈な復古意識の持ち主であった。通常、○○天皇という諡号《しごう》は死後に決まるものなのだが、彼は生前から「後醍醐」と決めていた――「醍醐」とは、平安時代の、最も良い政治が行われたとされる時代の天皇の名のひとつである。彼は自らが親政を行える朝廷政権の時代に戻そうと強く願い、武家政権に対して反発心を抱く天皇であった。

幕府の介入もあって彼の息子が天皇になれる見込みがなくなってしまっていたこと、幕府そのものが衰退を続けていたこと、「悪党」と呼ばれる反幕府の独立武士団が現れ、世情を騒がしていたことも、天皇を討幕に突き動かした原因であったかもしれない。

しかし、討幕運動は一筋縄ではいかなかった。一三二四年（元亨《げんこう》四・正中《しょうちゅう》元）、天皇は無礼講と称した酒宴での馬鹿騒ぎをカモフラージュにして味方を集め、ひそかにクーデター計画を練った。ところがこの際は、声をかけられた武士の一人が妻に言動を怪しまれ、計画を白状したことから事態が発覚。先手を打った幕府によって鎮圧されてしまう。これを元亨の変、あるいは鎮圧直後に変更された元号から正中の変という。

幕府、ついに滅びる

正中の変では幕府の対応も寛容であり、天皇に咎《とが》が及ぶことはなかった。だが一三三一年（元弘《げんこう》元）、宗教勢力を利用して新たな討幕を進めていた天皇の計画が近臣（討幕に反対したのだとも、天皇に罪が及ばないようにしたのだともいう）の密告によって発覚すると、さすがに幕府としても放置はできないと判断したらしい。天皇らは逃亡するも追い詰められ、河内の悪党・楠木正成の他には呼応して挙兵するものもなく、捕らえられて天皇の座を追われ、隠岐島へ配流された。これが元弘の変である。

絶体絶命の危機かと見えたが、実のところ戦いはここからが本番だった。配流をきっかけとして再び挙兵した楠木正成をはじめ、畿内を中心とした各地の悪党が大暴れを始めた。

そうこうしているうちに有力御家人まで次々と蜂起を始め、隠岐島より舞い戻った後醍醐の下に集まった。そこで一三三三年（元弘三）、幕府は源氏の名門・足利一族の足利高氏（のちの尊氏）らを派遣したのだが、この尊氏はひそかに後醍醐側と接触、幕府を裏切って討幕に動く——これが致命傷だった。武士たちが内心に溜め込んでいた幕府と北条得宗家への反発が爆発し、全国の情勢は一気に後醍醐側へ傾いた。

尊氏らの軍勢が京の幕府軍を撃破し、後醍醐に代わって天皇となっていた持明院統の光《こう》厳《ごん》天皇らが鎌倉へ脱出するところを捕縛する。これにより、後醍醐は天皇に返り咲くことになった。それとほぼ同時期に新田義貞を中心とする軍勢が鎌倉を攻め滅ぼした。その際、時の執権・北条高時ら幕府の首脳陣は等しく自害して果てたが、なぜか名目上とはいえ彼らの主人である守邦親王だけは残された（直後に出家し、三ヶ月ほどを経て亡くなった）。

京の幕府側が天皇を脱出させようとし、しかし鎌倉の幕府首脳が将軍を放置したのはなぜだろうか。前者ではまだ逆転の可能性を信じ、後者ではもはやこれまでと見て守邦親王を巻き込むまいとしたのだろうか。「守邦親王は実は生きていて、外秩父に脱出した」という伝説もある。それが本当なら、幕府には何らかの思惑があったのか——？　今となっては、歴史の謎というしかない。

第四章　後醍醐天皇の皇子たち
――建武の新政・南北朝時代

鎌倉時代末期、北条得宗家を頂点とする幕府の政治は限界を迎えつつあった。困窮を極める生活と、長く続いた執権独裁に対する御家人たちの不満。近年になって勃興した悪党たちの活力。

後醍醐天皇はこのふたつのエネルギーを活用することによって、約百五十年続いた鎌倉幕府を打倒することに成功した。彼の新政権においても征夷大将軍は存在し、武家の長として活動している。

領地問題でつまずく

幕府を倒した天皇は、早速新たな政治を開始した。「建武の新政」あるいは「建武の中興」と呼ばれるものがそれだ。

この新しい政権は天皇を絶対者として置き、その権限を強化した——これが大きな問題を引き起こし、新政の失敗につながった。

天皇は「土地の所有権は綸旨《りんじ》（天皇の指令書）のみを根拠とする」としたのである。これを受けて人々は一斉に京、天皇の下に殺到した。なんとしても、自分の土地の権利を保障してもらわなければいけないからだ。戦乱によって土地の所有権が混乱したばかりだったし、これを機に自らの領地を拡大しようと企むものもいた。偽綸旨もずいぶん横行したという。

現代風にいえば、銀行に預けているお金が一旦凍結されてしまって、総理大臣直筆の書類がないと引き出せなくなってしまったようなもの、といえば極端だがわかりやすいだろうか。日本中の人々が東京に殺到し、首都機能が麻痺するのは請け合いである。

天皇自身は優れた為政者として自らの政治力・判断力に自信があったのかもしれないが、これだけ混乱すれば処理に限界もくるというもの。

混乱を収拾するために土地問題についてはたびたび法令が更新されて先の宣言は撤回されたが、むしろそのことは新政権の行き当たりばったり具合を暴露して、人々の信頼を失っていく契機にさえなった。

寄せ集め集団の挫折

また、そもそも天皇を擁して幕府を倒した人々が「反北条」以外には共通項の少ない寄せ集めに過ぎなかった、というのも大きな問題だった。

公家と武士、悪党と名門御家人——彼らの新政府に対するヴィジョンが合致するはずもない。旧政権を打倒した革命軍が、やがて「どんな政府を作るか」で決裂し、新たな内乱に突入するのは古今東西いくらでも例のあることであり、建武の新政もその例に漏れなかった、ということに過ぎない。

かくして、鎌倉幕府の滅亡からわずか三年で建武の新政は崩壊する。足利尊氏が鎌倉に入って反旗を翻し、やがて京を奪回して持明院統の光明《こうみょう》天皇を擁立し、室町幕府を成立させる。こうして、持明院統の天皇を担ぐ北朝と、大覚寺統の天皇を担ぐ南朝という、ふたりの天皇、ふたつの朝廷が日本を二分して争う南北朝時代が到来することになる。

この争いは足利氏内部の不和などもあって長く続いたが、室町幕府の三代将軍・足利義満のころになると情勢はすっかり北朝有利に傾いていた。結果、一三九二年（明徳三）南朝の後亀山天皇（後醍醐の孫）が北朝の後小松天皇に譲位するという体裁を整えて、ふたりの天皇が並び立つ時代は終わりを告げたのである。

建武の新政は「公家幕府」？

さて、天皇親政によって新たな政治を行おうとした建武の新政およびその後継である南朝だが、その実態は「公家幕府」ともいうべきものだった、という指摘がある。

実際、建武の新政における組織機構のうち、武士の統制をする武者所は鎌倉幕府の侍所、所領争いの裁判を行う雑訴決断所は幕府の引付衆《ひきつけ》とほぼ同種の存在であった。そして何よりも、建武の新政と南朝には征夷大将軍がいたのである。もちろん、これは古代の「臨時に設置され、東方の敵を討つ」存在ではなく、中世の「武士たちのリーダー」としての征夷大将軍だ。

一般に、建武の新政における征夷大将軍は、後醍醐天皇の本来の意思ではなく、護良《もりよし》親王が強引に認めさせたもの、という理解がされているようだ。

しかし、建武の新政が必ずしも幕府の手法を全否定するものではないこと、またそもそも武士たちの力が弱まったわけではなく、彼らを無視して新たな政府を運営することはできないことを考えると、「後醍醐天皇はもともと幕府を自らの政治に取り込むつもりで、そのために最初から征夷大将軍を設置するつもりだった」という説を採るほうが妥当であるように思われる。「建武」という、天皇がわざわざ選んだ元号が「武において建つ」ものだったことも、武を自らの政権に取り込もうとする意思を感じさせる。

実際、護良親王が失脚した後も、成良《なりよし》親王と宗良《むねよし》親王が征夷大将軍の座を継いでいる。これはただの飾りではなく、「公家幕府」の証明であるように思われる。

護良親王

?〜一三三五年

尊氏憎しですべてを失った親王

討幕を呼びかけた武勇の人

後醍醐天皇の皇子（第一皇子）である護良《もりよし》親王は早いうちから比叡山に入れられ、「尊雲法親王」と称した。天台座主《ざす》（天台宗のトップ）も二度務めている。

この時代、仏教教団は単に宗教勢力であるにとどまらず、現実的な力——強大な武力・政治力・経済力の持ち主でもあった。天皇は対幕府の戦力として彼らを味方につけるために護良親王ほかの息子たちを宗教勢力に送り込んだのである。

当の護良親王はといえば、その性根は宗教的・神秘的な方向よりもむしろ現実的・武力的な方向に向いていたようだ。北条氏を呪詛によって攻撃しようとした節もあるものの、父親譲りの大柄な体を利して武芸の訓練に励んだというから、基本的には皇族でも僧侶でもなく武士的な人物だった、といえよう。

つまり、護良親王は武勇の人だったというわけで、彼の本領が発揮されるのは動乱の時代のことである。一三三一年（元弘元）、クーデター計画を見破られた天皇は京を脱出したものの捕らえられ、隠岐島へ配流となった。しかし、山を降りて還俗していた護良親王はうまく逃れ、各地の武士たちに改めて「幕府を倒すため挙兵せよ」と呼びかけた。これに応える形で楠木正成や赤松円心といった人々が兵を挙げている。

幕府の派遣した大軍に対して必ずしも劇的な勝利を収めたわけではないが、彼らが粘り強く戦ったからこそ幕府の崩壊は加速したのであり、また護良親王こそが全国的な規模に広がった「反幕府軍」の象徴でありリーダーであったのも間違いないだろう。

護良親王VS.足利尊氏

このように「武」を強く意識する護良親王が激しく敵視した相手こそ、鎌倉幕府打倒に大きな功績を残すとともに、源氏の名門として鎌倉幕府消滅後の武士たちの中心に成り得る存在であった足利尊氏だった。しかも尊氏は征夷大将軍の地位を望んでいた。

これが認められれば尊氏が名実ともに「武士のリーダー」になり、朝廷より強大な力を得てしまう――護良親王はこのように考えた。

そこで尊氏を封じるため、あえて京には入らないままで「将軍宮」を自称し、自分こそが征夷大将軍として新政府における武士のリーダー、武力の担い手であることを主張。これがうまくいかないと見るや、尊氏を打倒しようと実際に軍を集める動きまで見せた。結局、天皇が彼を征夷大将軍に任命することによって衝突は回避されたが、後の破滅を想起させる事件といえよう。

実際、護良親王と尊氏、そして後醍醐天皇の間の亀裂は急速に広がっていった。尊氏としては強烈な敵意を向けてくる護良親王を自衛のためにも何とかせねばならず、天皇としても勝手な振る舞いが目立つ息子の動きを抑える必要性に迫られていた。尊氏は天皇の寵愛を受けていた阿野廉子《あのれんし》という女性を通しても工作をしていたらしい。結果、護良親王は数ヶ月のうちにあれほど望んでいた征夷大将軍の職を剝奪されてしまっている。

ついには父にも見限られ……

それでも「尊氏こそが新政府最大の敵」と信じる護良親王はどうにか兵を集めようと各地に手紙を出すもうまくいかず、むしろその証拠を尊氏らに摑まれる始末であった。政治的な方法で目的を達することができず、陰謀も失敗してしまった護良親王という人は、どこまでも武勇の人であったらしい。

もちろん、尊氏はこの証拠を活用する。一三三四年（建武元）、阿野廉子を通して働きかけを受けた天皇は護良親王を捕らえさせた。しかもその処罰として、鎌倉にいた尊氏の弟・足利直義《ただよし》の下で監視させることにしたのである。朝廷としての処罰なら、たとえば配流などの処置がされたはずで、にもかかわらず尊氏方への引渡しになったのは、「勝手に喧嘩をしたんだから当事者同士で片付けなさい」ということに他ならない。ついに彼は父にも見放されてしまったのである。

護良親王の心情を示すつぶやきとして、「武家よりも君の恨めしく渡らせ給う」という言葉が伝わっている。武家は尊氏、君は父のことだ。父の理想を追い、その邪魔になる相手を排除しようと必死になっての結果に激しく失望していたことがよくわかる。

そして、彼の最期もまた悲劇的なものだった。一三三五年（建武二）、最後の執権・北条高時の子である北条時行が信濃で挙兵した中先代《なかせんだい》の乱（後に詳述）が勃発し、鎌倉が攻められる。守りきれないと判断した直義は護良親王を殺害し、逃走した。彼が北条氏方によって旗印とされるのを嫌ったのである。その死に様は首を斬られてなお噛み砕いた刃をくわえ、目を見開く壮絶なものと伝わる。

成良親王

一三二六年〜一三四四年?

天皇になるかもしれなかった将軍

幼い親王が征夷大将軍になった理由

後醍醐天皇の第六皇子。母は阿野廉子。

一三三三年(元弘三)、まだ七歳の成良《なりよし》親王は、鎌倉に派遣され、関東八ヶ国と伊豆・甲斐を治めることになった。もちろん実務が行えるはずもないから、足利尊氏の弟・足利直義が補佐としてつくことになった。

その二年後、鎌倉が中先代の乱で北条時行によって攻め落とされると、直義に連れられて脱出。そのまま京へ送り返された。

そして、帰還した京都で彼に与えられたのが、兄・護良親王の失脚以来空いていた征夷大将軍の地位だったのである。

このとき、尊氏が「自分を征夷大将軍に任じて、中先代の乱の鎮圧に派遣してほしい」

と要請していたので、成良親王の人事はそのまま尊氏の要求を拒否することに他ならなかった。

この時代、征夷大将軍は古代のような「討伐軍の総指揮官」にとどまらず、「武士の頂点であり幕府の長」だった。そのような地位を名門の武士である尊氏に与えれば、せっかく滅ぼした武士政権が新たな形で復活するのは理の当然である。天皇としてはこの要求を呑むことはどうしてもできなかった、というわけだ。

その一方で、「天皇はどうせ将来的に尊氏が将軍になるのを止めることはできないと見て、むしろ自分から与えてコントロールしようとしたのだが、護良親王に代表されるような反尊氏派の声によりかなわなかったのだろう」あるいは「成良親王を象徴としての将軍に、それを補佐する尊氏が実質的な指揮官として討伐軍を率いる形にしたかったのではないか」といった見方もある。

そのような思惑が天皇にあったにせよなかったにせよ、尊氏にその意図は通じなかった。もしくは、天皇と尊氏のそれぞれを取り巻く事情が彼らの融和を認めなかった。中先代の乱を鎮圧した尊氏は鎌倉に居座り、新政府に反旗を翻すことになるのだが、これについては後の尊氏の項で詳述することにしたい。

将軍の後に天皇!?

話を成良親王に戻そう。この人が次に歴史上に登場するのは一三三六年(建武三)、天皇方の軍勢を打ち破って京に入った尊氏が、持明院統から光明天皇を即位させてから数ヶ月後のことである。なんと、光明天皇の東宮(後継者)として、成良親王の名が挙がったのだ。これは比叡山に立てこもって頑強に抵抗を続けていた後醍醐天皇がとりあえずの和解をし、山を降りて幽閉されてまもなくのことであった。

尊氏としては、かつて鎌倉幕府が両統に提案した「両統迭立」を再現するという譲歩によって争いを終えたかったのだろう。

実際のところ尊氏は最終的に後醍醐天皇と戦いはしたが、基本的には彼に対して敬意を払い続けており、なるべく敵にまわそうとしなかった節も見える。幕府を倒した天皇の情熱や才覚を高く評価していた、ということだろうか。

もし、この関係がうまくいけば、成良親王は将軍と天皇をふたつながらに経験するという日本史上に例を見ない存在になれたかもしれない。

しかし、そうはならなかった。後醍醐天皇が京を脱出して徹底抗戦の構えを見せ、南北朝動乱の時代が始まってしまったからである。そうでなくても、この時期に両陣営の和解が完全な形で成立し得たとは思いがたいので、成良親王が天皇になるのは難しかっただろうが……。

成良親王はいつ亡くなった?

そんな成良親王がいつ亡くなったか、については実のところはっきりしない。『太平記』に従えば彼が亡くなったのは一三三七年（延元二）のこと。この時期、兄の恒良《つねなが》親王とともに京で捕らえられていて、兄が毒殺されて二十日あまり経った後、彼もまた毒殺されたのだ、という。

恒良親王は新田義貞とともに北陸の金ヶ崎城にいて北朝方の軍勢と戦って敗れ、そこから脱出する際に捕らえられた（二人の兄弟である尊良《たかなが》親王は討ち死にしている）ため、成良親王も同じように北陸で捕らえられたのか、それとも別の形で捕縛されたのか、はわからない。

そもそも、成良親王が死んだのは一三四四年（康永三）だという説もあって、はっきりしないのが実際のところである。

宗良親王

一三一一年〜一三八五年

転戦の苦難から守戦の日々へ

仏門から戦場へ

後醍醐天皇の皇子（第二皇子）で、南北朝の動乱期には南朝の征夷大将軍として各地を転戦した。

彼は武の人であったと同時に、文の人――和歌を大変好み、戦い続ける生涯の中でも歌を忘れなかった人であったといわれている。

たとえば、後村上天皇や征西大将軍として九州で戦い続けた懐良《かねよし》親王といった弟たちを歌で激励したり、南朝の天皇や家臣たちの歌を集めた『新葉和歌集』を編纂したことなどが知られている。

宗良《むねよし》親王の初期の経歴は、異母兄・護良親王のそれに似ている。早くから仏門に入れられ、尊澄《そんちょう》法親王を名乗っていた彼は、兄と同じように天台座主に就いている。鎌倉幕府打倒を目指していた天皇が、宗教勢力の力を活用するために送り込んだ、という点もまったく同じだ。

一三三一年（元弘元）の元弘の変では兄とともに比叡山で挙兵するも、失敗。兄はうまく逃れたが、宗良親王は捕らえられ、讃岐へ配流という処分になった。このとき、幕府の厳しい尋問に涙を流した、という逸話がある。このころにはまだ、兄・護良親王のような豪傑ではなかった、ということだろうか。

ところが兄の活躍もあって天皇方が逆転勝利を収め、鎌倉幕府が滅亡したため、彼も中央に戻ることができ、天台座主に戻っている。

転戦の日々

そんな宗良親王が再び戦いに舞い戻ることになったのは、足利尊氏が建武の新政に対して反旗を翻し、京を占領してしまった一三三六年（建武三）のことである。この危機に際して彼は比叡山を降りて還俗、「宗良親王」を名乗って父のために、南朝のために戦うことになったのである。

以後、宗良親王は南朝に欠くことのできない重鎮のひとりとして、各地を転戦しながら北朝と戦い続けた。

奈良と河内で室町幕府の重鎮・高師直《こうのもろなお》と戦った際には激戦の末に敗れたものの、彼自身は一歩も引かずに戦い続けた、と伝わる。また、東国で劣勢に陥っていた南朝勢力を救うために伊勢より大船団で出陣した際には、暴風雨に遭ってひとり遠江《とおとうみ》へ流される、ということもあった。

その後、各地を転戦し続けて一三四四年（康永三）に信濃国は大河原の地（現在の長野県下伊那郡大鹿村）を本拠地と定めた後は、越後・越中・武蔵の各地に出陣して、北朝・室町幕府と戦い続けることになった。

征夷大将軍にはなったけれど

一三五二年（正平七）、そんな宗良親王を、弟・後村上天皇（一三三九年＝延元四の後醍醐天皇の死去を経て即位）が征夷大将軍に任じる。

この時期、室町幕府は「観応《かんのう》の擾乱《じょうらん》」と呼ばれる内紛（詳細は後述）によって大いに混乱しており、尊氏が（名目上ではあったものの）南朝に対して一時大きな譲歩を示しつつ降伏、内部の争いに集中しなければいけないほどであった。

そこで南朝方はこれに乗じる形で尊氏に対して法外な要求をするとともに、一気に攻勢に出る。西では足利義詮《よしあきら》（尊氏の子、後の室町幕府二代将軍）を打ち破って京を占領し、東では新田義貞の子である義興《よしおき》・義宗の兄弟が武蔵野国の小手指ヶ原で尊氏の軍勢を打ち破ったのである。宗良親王の将軍就任も、こうした南朝側の全面攻勢の延長線上にあった、と考えるのが妥当だろうか。

——ただし、南朝の優勢は長くは続かなかった。義詮の逆襲を受けて京を奪い返され、関東でも兵をふたつに分けた隙を突かれた新田兄弟が二度目の小手指ヶ原の戦いで尊氏に敗れてしまった。

宗良親王はその後も粘り強く戦い続けたが、三年後に自らも北朝方との決戦に敗れて力を失う。以後は防戦一方。敗戦も続いたようで、南朝方からの上洛軍出陣要請にもなかなか応えることができず、ひたすら守り続ける形になってしまった。南朝自体もその後は大きな攻勢に出ることがかなわず、やがて室町幕府との講和、南北朝の統一という方向へ時代は進んでいくことになる。

結局、宗良親王が病によって亡くなったのは弘和末~元中初というから、西暦でいうと一三八〇年代の前半、七十歳ほどでこの世を去った、ということになる。

第五章 足利将軍——室町時代

後醍醐天皇の下で鎌倉幕府打倒に大きな役割を果たした足利尊氏は、やがて後醍醐天皇とも決別して新たな天皇を擁立し、征夷大将軍となる。

これが足利将軍の始まりであり、室町幕府の始まりであり、さらには二人の天皇が立つ南北朝動乱の始まりでもあった。

三代将軍・足利義満の代には南北朝の合一が成り、以後しばらくは全盛期が続く。しかし、やがて将軍の権威が低下して幕府内部での争いが加速していく。

十年あまりにわたって争われた「応仁の乱」や、時の将軍・足利義材《よしき》がクーデターによって失脚させられた「明応の政変」によって将軍と幕府の権威は完全に失墜し、時代は下《げ》剋上《こくじょう》へ、戦国の動乱へと進んでいくこととなったのである。

鎌倉幕府＋建武の新政＝室町幕府？

足利氏は源氏（清和源氏）の一族であり、源義家の子・足利義国を祖とする（新田氏の祖でもある）。

足利義兼のときには早い時期から源頼朝に味方をし、また頼朝の妻である北条政子の妹を娶《めと》ったことから重く扱われ、「御門葉《ごもんよう》」として一族扱いされていた。

さらに鎌倉時代を通して北条得宗家との関係も深く、幕府の御家人の中でも一、二を争うような名門として扱われることになる。先述のとおり、源氏の嫡流は早い時期に失われてしまったわけだが、足利氏はそれに次ぐものと考えられていた。その当主である尊氏の裏切りが幕府崩壊の最後の引き金になったのも、また建武の新政において彼が征夷大将軍の地位を望んだのも、この血筋が背景にあったわけだ。

その意味で、室町幕府は鎌倉幕府の直接的な継承者だった。前者を「後代」と呼び、後者を「先代」と呼んだのも納得できる（北条時行が起こした内乱を「中先代の乱」と呼ぶのは、このふたつの武家政権の中間に存在したためだ）。

しかし室町幕府は単純に鎌倉幕府を継承しただけの存在ではなく、その最初の法令である『建武式目』には後醍醐天皇の建武の新政の影響も見られ、また幕府を鎌倉から京都に移すなど、新たな武家政権を目指した点も見逃してはならないだろう。ちなみに、「室町幕府」という名前自体は、義満が京の室町小路と呼ばれる場所に自らの住居と政庁を築き、以後例外はありつつも代々の将軍がこれを継承したための名前ではあるが、本書では便宜的に義満以前の時代についても室町幕府と呼ぶ。

将軍権力確立は永遠の課題

室町幕府と足利将軍が抱えていた大きな問題としては、将軍権力の問題がある。先の摂家・親王将軍のときのように傀儡というわけではなかったが、後の徳川将軍ほどに絶対権力者でもなかった。足利将軍の歴史はそのまま将軍による権力拡大の試みの歴史である、とさえいえるかもしれない。

そもそも、初代将軍である尊氏がこの問題に苦しんでいる。彼には有能な弟である足利直義《ただよし》がいて、二人三脚で幕府創設にこぎつけた。初期の室町幕府は実質的に尊氏を頂点とする軍事部門と、直義を頂点とする内政部門に分かれており、両者を「兄弟将軍」と見る向きさえあった。

しかも、尊氏の下には執事として強大な実権を掌握した高師直という人物がいた。新興勢力をバックにする急進的な師直と、伝統的勢力との折り合いを目指す保守的な直義では、仲が良かろうはずもない。追い詰められた直義は挙兵し（観応の擾乱）、彼が討たれた後も尊氏の子で直義の養子になっていた直冬《ただふゆ》が暴れまわった末に南朝に味方するなど、混乱はしばらく続いた。

南北朝の合一を果たした義満はときに悪辣と非難されるような策謀も駆使して有力武家

を統制し、将軍権力を強化した。しかし、次代の足利義持《よしもち》以降は彼ら——各地を統治する守護という役職を務め、特に強力な家は「守護大名」と呼ばれた武家の発言力が強まった。幕府内の人事、それも将軍の選定のような問題にまで彼らの意見が反映されるようになったのだ。室町幕府がしばしば「守護大名による合議制」と指摘されるゆえんである。

特に、将軍の補佐役である管領《かんれい》になれる三つの家（斯波《しば》・細川・畠山）と軍事機構である侍所の所司（長官）になれる四つの家（山名・一色・赤松・京極）はあわせて「三管四職《さんかんししき》」と呼ばれ、それぞれ権力をめぐって激しい対立を繰り広げた。

また、中央と地方の対立もあった。関東八ヶ国＋伊豆・甲斐（これはそのまま建武の新政の鎌倉将軍府の範囲である）を統括する地方機関として鎌倉府が設置され、その長である鎌倉公方は尊氏の子である基氏の末裔が代々務めた。これを有力武家である上杉氏が関東管領として補佐したのだが、将軍と鎌倉公方はたびたび対立し、そこに関東管領も加わって、混乱を巻き起こすことにもなった。

代々の足利将軍はこのような有力者たちと渡り合いながら、自らの政治を進めていかざるを得なかったのである。

足利尊氏

室町幕府・初代
一三〇五年〜一三五八年

新たな幕府を築いた源氏の名門

名門・足利氏の当主はなぜ討幕に加担したか？

初名は高氏（本書では基本的に尊氏で統一する）。足利貞氏の次男として誕生。十五歳のときに従五位下治部大輔《じゅごいのげじぶたいふ》に任じられて、六波羅探題北方を務めていた北条久時の娘・登子《とうし》と結婚した。

尊氏が大きな動きを見せるのは一三三一年（元弘元）のことである。この年、後醍醐天皇が挙兵。尊氏は幕府軍の大将として上洛、これを平定する。捕らえられた後醍醐天皇は、配流となった。しかし天皇に味方する勢力の動きはむしろ活発になり、ついに二年後、天皇が隠岐を脱出し、伯耆《ほうき》の船上山にこもる。これに際して再び西上を命じられた尊氏だったが、丹波まで進んだところで北条氏討伐と源氏の再興を宣言した。そして諸国の豪族たちに密かに手紙を送り、協力を要請した。すると続々と賛同者が集まり、尊氏に味方する者の数は五万を超えたという。

さて、尊氏はなぜいきなり討幕に転じたのだろうか。二度目の西上の折、尊氏は近江にて後醍醐天皇より味方につくようにとの命令を受けたという。しかしそれより以前に討幕の意思はあったと見られ、一度目の西上は後醍醐天皇を攻めるためではなく、討幕のための下見だったという考え方もある。

決断の理由を『太平記』は「父の喪中にもかかわらず、笠置城への出陣を命じられたこと」「自身の病気の最中に船上山への出陣を命じられたこと」としている。いわば「私怨説」だ。一方、「置文伝説」と呼ばれる伝説をその背景として見る考え方もあり、それによると、足利家のルーツである源義家は「七代後の子孫に生まれ変わり、天下を取る」という置文を残し、しかし七代後の子孫である家時は自決、「自分の命を縮め、三代のうちに天下を取る」ともうひとつの置文を残しており、これが動機だった、というのである。

しかし、前者はあくまで私怨で、それだけで尊氏が討幕に踏み切ったとは考えにくい。後者についてはただの伝説として否定されている。そのため、全国的に反幕の気運が高まっていたこと、北条氏の足利氏への経済的要求が高く（閑院内裏と六条八幡宮の造営に足利氏は費用をかなり負担した）、それが北条氏へ不満を抱く原因となったことなど、多様な事情があいまって決断に至った、と考えるのが妥当であろう。

ともあれ、京に進軍した尊氏は、六波羅探題を攻め滅ぼすことに成功した。翌月には後醍醐天皇が帰京し、鎮守府将軍に任命される。さらに後醍醐天皇の諱《いみな》である「尊治」から一字を与えられ、ここで「尊氏」と改名した。同時期に新田義貞らが鎌倉を滅ぼし、北条高時をはじめ北条一族を自害に追いやって、幕府を滅亡させたのはすでに紹介したとおり。

尊氏と天皇のすれ違い

討幕に大きな役割を果たした尊氏だったが、建武の新政において重く扱われていなかったようだ。当初から求めていた征夷大将軍の職が与えられないどころか、そもそも新政府に役職がなく、人々は「高氏（尊氏）なし」と驚きとともにささやいた、という。

この背景には、もともと源氏の名門として声望が高く、討幕での功績も大きい尊氏に対する警戒があったのだろう。さらに彼は、天皇が戻る前から京に奉行所を設置し、天皇方についた武士たちの功績を聞いて恩賞の約束をしていた。これによって多くの武士たちは尊氏をこそ慕い、尊氏派の勢力は非常に拡大していたのである。ただ、急進的な反尊氏派であった護良親王が、尊氏との対立の末に処罰されたことを見るに、この時点ではまだ完全に危険視されていた、というわけではないようだ。

一三三五年（建武二）に中先代の乱が起きて、北条時行によって鎌倉を攻め落とされると、尊氏は兵を率いて討伐に向かった。この際、征夷大将軍を望んだがかなわず、かわりに征東将軍に任ぜられている。

鎌倉を平定した尊氏は、いよいよ天皇から離反する。鎌倉に拠点を構え、帰還を命じる天皇の命令も無視した。また、弟の足利直義が「新田義貞を討つから力を貸してくれ」と全国の武士たちに働きかけている。義貞は鎌倉幕府滅亡の功労者であるし、建武の新政では厚遇されていた人物であるから、これはすなわち天皇への謀反に他ならない。

ただ、尊氏自身がどこまで天皇と戦うつもりだったのか、はよくわからない部分がある。天皇の命を受けた義貞が討伐にやってくると、一旦弟の直義に政務を譲り、鎌倉の浄光明寺という寺に閉じこもって恭順の姿勢を見せているからだ。それでも、新田軍に直義の部隊が敗れたことを聞いてようやく動き出す。

苦難を乗り越え、念願の征夷大将軍へ

西に向けて進んだ尊氏の軍勢は、義貞を箱根で破り、伊豆、近江と合戦を経て一三三六

年（建武三）に入京。京都の各地でついに天皇方とぶつかった。ここで一度は敗れた足利軍だったが、九州に下り武将たちに参戦を募って態勢を立て直す。順当に行くならば足利氏の名声が高い関東を選ぶべきだったのだろうが、あえて九州を選んだ決断は成功し、この地で天皇方の勢力を蹴散らした尊氏は、大きく勢力を回復する。そして、天皇方の追撃を食い止めるために山陽道や四国に配置してきた諸将らが危ういと聞くと、尊氏率いる部隊が海路から、直義率いる部隊が陸路から、再び上洛を目指したのである。

決着がついたのは、摂津国湊川での戦いだった。九州で兵力を蓄えた足利軍の兵力は圧倒的で、智略で挑もうとした天皇方を三時間に及ぶ戦いの末に、ついに破ったのである。後醍醐天皇は京都の花山院に軟禁となり、持明院統の光明《こうみょう》天皇が新たに即位した。

しかし後醍醐天皇は花山院を脱出して大和国の吉野に逃れ、自らが天皇であることを主張してここに吉野朝廷を成立させる。この吉野朝廷を南朝、京都の朝廷を北朝として、南北朝時代が幕を開けた。一方の尊氏は、光明天皇が即位したすぐ後に『建武式目』を制定。尊氏の施政方針を示したこの十七ヶ条の法令により、室町幕府が成立する。一三三八年（暦応元）には新田義貞を越前に討って、念願の征夷大将軍就任を果たす。さらに翌年には後醍醐天皇がこの世を去り、尊氏の前途は明るいと思われた。

弟と部下の板ばさみに

そんな尊氏を苦しめたのは、幕府内部の争いであった。尊氏の執事である高師直と、尊氏の弟・直義の対立が激しくなっていったのである。一三四九年（貞和五）になるとついに、師直が直義を討つために大兵力を動員するまでに至った。

この事態に尊氏は、直義を自分の屋敷にかくまいながら師直をなだめ、両者の仲立ちをしながら和平交渉を進めさせていった。その結果、直義が師直の条件をほぼ全て承諾し、政界から退くことになる。代わりに尊氏の嫡子である義詮《よしあきら》が政務を担当することになった。

この一連の流れに関して、尊氏は師直と密かに打ち合わせをしていたと考えられている。もともとは、尊氏が「この世の幸福を直義に全て与えてほしい」と書いた願文を清水寺に納めるほどに、直義との兄弟仲は良かった。しかし直義と師直の勢力が対立するにつれ、尊氏と直義にも亀裂が入り始めていった。尊氏は、やがて自分の子の義詮に将軍職をゆずることも考えた上で、直義を政界から退けようとしたのでは、というわけだ。

出家した直義も、あきらめたわけではなかった。彼は師直討伐を企てて南朝と手を結ぶために動いていたのである。しかも、尊氏によって九州に追いやられていた直義の養子・

直冬（尊氏の実子）がその勢力を伸ばし、中国地方まで迫っていた。これを受けて、尊氏が直冬征伐のために京都を出陣すると、その留守を狙って直義が進撃してきたのである。義詮が防衛にあたったものの防ぎきれず、丹波へ敗走した。

不利を悟った尊氏は弟と和睦を結んだものの、直義は長年の敵である高師直を許すことはできなかったのか、師直の一族は直義方の兵らによって殺害された。この処置に尊氏は怒り、尊氏・義詮派と直義・直冬派との全面対立となった。観応の擾乱と呼ばれるこの乱により、十数年にわたって全国的に動乱が続くこととなる。

一三五二年（文和元）には直義を破って降伏させ、ともに鎌倉に入ったが、そのすぐ後に直義は急死した。死因は病死と公表されたが、実は尊氏が毒殺したのだという噂が当時から流れていたといい、おそらくはそれが真実であろう。今後また敵対勢力となる可能性を憂いて殺したと考えられる。

いまだ南北朝の動乱は終わらず……

一三五五年（文和四）に入っても、東国を押さえた幕府、中国の直冬、九州を席巻する懐良親王の南朝勢力による、ある種の天下三分状態になっていた。中国勢とともに直冬が京都に向かっているのを前年のうちに知っていた尊氏は、あらかじめ京都を出て播磨の方へ逃れていた。合わせて義詮も近江に向かう。そして直冬らが京都に入ると、尊氏と義詮は播磨と近江の両方から敵を挟み撃ちしたのだった。

ここで直冬を打ち破ったことで足利氏内部の混乱は終わったものの、問題は残っていた。懐良親王がいよいよ勢力を高め、九州の北朝方は薩摩の島津氏くらい、という状況になっていたのだ。一三五八年（延文三）、尊氏は九州に向かうことを決意。しかし尊氏の体調がすぐれず、遠征は中止となった。やがて背中に腫れ物ができ、それ以降尊氏の健康状態は悪化。そのまま回復することなく、息を引き取ったのだった。

その生涯を追いかけてみると、尊氏という人は幾度も厳しい選択を強いられ、それに的確な決断を下すことで大きな業績を残した、という印象がある。夢窓疎石《むそうそせき》が「どんな時でも、工夫を凝らすことを怠らなかった」と評したことも、その印象を強めている。

ただその一方で、幕府創設に成功した年の願文に「この世は夢のようなもの」「遁世してしまいたい」などと書いてしまうような、不安と無常の気持ちを抱いていたことも、また事実である。動乱の時代に生まれ、次々と移り変わる情勢に翻弄されながら、必死に生き抜こうとしていた当たり前の人間。それが尊氏だったのだろうか。

足利義詮

室町幕府・二代

一三三〇年〜一三六七年

南北朝動乱を生き抜いた生涯

わずか四歳の旗印

足利尊氏の次男として生まれたが、正妻・登子の産んだ子だったので嫡子とされた。幼いころに動乱の時代が始まり、その中で反鎌倉幕府の旗印として活用されたり、長じては南北朝の動乱の中で各地を転戦するなど、波瀾万丈の人生を歩んだ。

一三三三年（元弘三）、父の尊氏が、北条高時に後醍醐天皇の討伐を命じられて西上した際、「二心がないことを誓う」ための人質として、義詮は母とともに鎌倉に留められることになった。尊氏が京への道中で謀反の意を明らかにすると、そのことが鎌倉に伝わる前に、家臣に守られて脱出している。異母兄である竹若は、鎌倉から送られた使者に運悪く上洛の途中で見つかり殺されてしまったが、義詮はうまく下野に逃れることができた。

その後、天皇方についた新田義貞が鎌倉攻めのために挙兵すると、義詮は父の名代としてこれに参加。二百余騎の兵士を率いて参陣している。もちろん、自分の意思で戦場に赴いたわけではないが、名目上はわずか四歳で初陣を果たしたことになる。

まだ四歳の義詮がわざわざ戦場に出されたのは、東国の武士たちを天皇方として蜂起させるためだった。足利氏と新田氏は同根の源氏ではあるが、足利氏は鎌倉幕府初代の源頼朝から厚遇され、代々の北条得宗家とも深いつながりを持ってきた名門だ。冷遇されがちだった新田氏とは名声が違う。その足利氏の嫡子である義詮を旗印として戦場に立たせることで、東国の武士たちに対し言外に参陣を募ったのである。

実際、戦いの終わった後に多くの武士たちが義詮の、というよりそのバックにいる尊氏の名の下に集まったため、これがどうにも面白くない新田軍と足利軍の間に小競《こぜ》り合いが起きかけたほどである。そのため、尊氏の指揮下にある細川和氏《かずうじ》が義貞のもとを訪ね、野心がないことを誓う起請文を書き、ようやく騒ぎを収めたという。

勇敢な側面、臆病な側面

その後は鎌倉にいて、中先代の乱に際して一度は鎌倉を追われるも、父とともに再び戻り、以後もこの地にいた。一三三七年（建武四）に南朝側の北畠顕家《あきいえ》が挙兵すると、鎌倉方は武蔵での戦いに敗北し、すっかり意気消沈してしまう。彼らは義詮の前で「いったん安房や上総に撤退し、東国の情勢を見極めながら戦っていくべきではないか」などと評定を繰り広げていた。

そのとき、当時八歳の義詮が毅然と言葉を放った。「戦をすることがあれば必ずどちらか一方が負ける。負けをむやみに恐れて戦わずにいれば、関東の管領として鎌倉にいる自分が後で何を言われるかわからない。たとえ小勢であっても敵が来たなら戦い、かなわなければ討死するべし」――諸将はこの言葉に奮い立った。

それだけでなく、「敵の一方を破ってから安房か上総に撤退し、相手が京都に向かい始めたらその後ろについて共に上洛、宇治や勢多の辺りで尊氏の軍と挟み撃ちにすればいい」と作戦まで講じたとされる。わずか八歳の幼子が、本当にこのような作戦を打ち出したのかどうかは非常に怪しいので、エピソードが誇張されて伝わったのだろう。

結局この戦いで義詮らは敗れたものの、情勢が足利方有利に傾いたので、彼は無事鎌倉に戻ることができた。

一方、これと対照的なエピソードもある。それは父・尊氏が将軍に就任した後、彼の弟で義詮の叔父にあたる直義と対立するようになった、観応の擾乱の中でのことだ。このときには、義詮は直義の代わりに政務を行うため鎌倉から京都に移っていたのだが、直義と手を組んだ南朝方が京都を攻めてきたとき、顕家の時と同じように家臣らが義詮に退却を進言した。すると、今度はあっさりとその意見を入れて、京都を放棄してしまったのである。これは、戦力の不足以上に、尊氏が京都を留守にしていたことが、義詮の判断の大きな理由になったと見られている。

四度も京を奪われて……

尊氏が死去すると、義詮が二代将軍として後を継いだ。この時には彼もすでに二十九歳となっていた。

しかし、南朝方との戦いはなおも続いており、さらに尊氏の死によって彼に抑えられてきた諸勢力が不穏な動きを始めた。また、幕府内部でも対立があい続き、政権の安定化のために奔走することになった。結局、義詮は都合四回も南朝側に京を奪われることになるのだが、そのたびに取り戻し、幕府の強化を進めていった。

やがて、北朝と南朝に講和の兆しが見え始めるが、それを見届けることがないままに、病死することになる。三十八歳の若さだった。

足利義満
室町幕府、三代
一三五八年〜一四〇八年

南北朝の統一を果たし最盛期を築く

細川頼之の活躍と失脚

義満は四歳のころ、南朝軍によって京を追われた父、義詮が近江に逃れたため、播磨白旗城の赤松則祐《のりすけ》によって養育されることとなった。

七歳になったころには京都の情勢が落ち着いたので京に戻っている。その途中、摂津の琵琶塚で宿泊した際に、その地の素晴らしい景色を気に入った義満が「この地を担いで京都に持って帰れ」と近臣たちに命じたという。まだ幼い義満の、スケールの大きさを窺うことが出来るエピソードだ。

その後、一三六七年（貞治六）に父が死去したため足利氏の家督を継いだ。征夷大将軍に任じられたのは、その翌年のことだ。

一三七八年（永和四）に新邸、いわゆる花の御所を室町に築いて移り住んだため、後世に室町幕府の名が定着した。

義満が将軍となった当初は、管領として細川頼之《よりゆき》が補佐役についた。頼之はまだ幼い義満に代わり、三年の間は一切の政治を取り仕切っている。さらに、義満の養育も任されていた頼之は、彼の師となる者を慎重に選び、また内法三箇条を作成して家臣らを戒めた。名目上は補佐だったが実際には幕政の実権を握っていた頼之に対して、守護大名たちの不満は少なからず蓄積していったようだ。しかも、彼はあの手この手で守護大名たちを押さえ込もうとしていたから、なおさらだ。

それが表面化したのが、有力御家人・土岐《とき》頼康《よりやす》との対立だ。一三六八年（応安元）、南禅寺の僧徒と叡山の僧徒が争う事件があった。この時に頼之と頼康が出兵したのだが、対策に関して両者の意見がぶつかり合い、その結果頼康が幕府を去ってしまう。

この争いについては頼康に味方する武将も多く、頼之は反感を買うことになった。それどころか、頼康が幕府を去った翌年、南朝方に攻められた御家人の救援に向かう際、頼之の提案した策を拒否する者もいたという。そのため義満は頼之に帰国するよう命令し、次の管領として越中守護の斯波義将《よしまさ》を任命した。これが一三七九年（康暦元）のことで、いわゆる「康暦《こうりやく》の政変」である。

将軍権威確立を目指し、ときには悪辣な手も

康暦の政変後、義満はさらに守護大名を押さえ込み、自らの権限を強化するために奔走することになる。一度は失脚した頼之を呼び戻し、その養子である細川頼元を管領に据えたのもその一環である。

最初のターゲットとなったのは、康暦の政変でも対立した土岐氏である。頼康が没し、息子の康行が美濃・尾張・伊勢の守護職を継承したものの、義満はこれに介入し、尾張を取り上げて弟の満貞に与えてしまった。当然、土岐氏は内紛を起こしたので、義満は幕府軍を派遣して鎮圧。見事に弱体化させたのである。

続いてターゲットにされたのが、因幡・伯耆・丹波など十一ヶ国の守護を務める山名氏であった。この十一という数字は全国六十六ヶ国の実に六分の一に達したわけで、どれだけ強大な力を誇ったか、わかっていただけるかと思う。

義満は但馬守護の山名時義が亡くなると、不遜を理由に時義の子である時熙《ときひろ》や氏之の追討を命じた。追討を命じられたのは、時熙兄弟の伯父にあたる氏清《うじきよ》と、従兄弟にあたる満《みつ》幸《ゆき》であった。彼らは最初、許してくれるよう義満に嘆願したが、受け入れられずに討伐に至った。

しかし敗れた時熙兄弟が没落し、その遺領を氏清と満幸が引き継ぐことになると、彼らの勢力はますます増大してしまう。満幸にいたっては上皇の所領である出雲の横田庄を横領したり、幕府や将軍からの命令に応じなかったりと、驕《おご》りたかぶった態度が目立つようになっていった。

そのころ、時熙兄弟が密かに入京し、幕府に赦免を願い出ていた。義満はこの嘆願を受け入れて兄弟を許そうとする。しかし一方を立てれば一方が立たずとはよく言ったもので、氏清は急な義満の心変わりに不満をもった。結果、その意思表示として、一三九一年（明徳二）十月に宇治の別邸で会合をするはずだったのに、中止にしてしまう。

氏清の義満に対する不満を知り、満幸は彼を謀反に誘う。さらに兄の義理《よしまさ》にも協力を頼み、十二月にはそれを実行に移す。山名氏謀反の報せを受けた幕府は、義理に思いとどまるようにと文書を送ったが、彼らは聞き入れず京都に進出してくる。義満は征討軍を結成し、両者は内野の地で激突した。その結果山名軍が敗れ、氏清は戦死。満幸と義理は敗走して行方不明となったが、満幸はその三年後に京都で討たれた。

こうして明徳《めいとく》の乱と呼ばれる山名氏との戦いは終わったが、義満は戦後、時熙と氏之にそれぞれ一国の守護を任せるのみに留め、山名氏の勢力を一気に削減した。

このように強権を振るって将軍権力の確立に努めた義満だが、それだけに「専横が過ぎた」という評価もある。すなわち、自分の好き嫌いだけで臣下の任官や叙位の決定を行い、公卿の中には義満に気に入られようとして媚を売る者が続出した、というのである。具体的な例でいえば、本来親王宣下《せんげ》を受ける立場になかったはずの常盤井宮満仁《ときわいのみやみつひと》王が、親王になったことなどが挙げられる。この場合は、満仁王が妾の小少将という女性を義満のもとへ送り、機嫌取りを行わせたためだという。

南北朝の合一を果たす

こうして有力大名らの勢力を削っていった義満は、次に南朝との和平に乗り出す。南朝自体はこのころまだ健在ではあったものの、征夷大将軍として信濃にいた宗良親王も、征西大将軍として九州にいた懐良親王も、それぞれ同時期に亡くなってしまっている。しかも、明徳の乱によって幕府の権威は不動のものとなり、南朝に逆転の目はなくなった。これによって、南朝の中でも幕府との和平の動きが見え始める。

こうして和平が成立し、天皇の権威を象徴する剣・鏡・玉の三種の神器《じんぎ》が南朝から北朝へ譲り渡されることになる。一三九二年（明徳三）、南朝から神器とともに出発した後亀山上皇が、後小松天皇に迎えられて入京し神器を奉った。ここに南北朝の統一が実現し、五十七年ぶりに皇統がひとつになったのだ。

しかし、このときの条件として持明院統と大覚寺統の「両統迭立」が提唱されたにもかかわらず、義満は大覚寺統の人間を排除してしまったので、後々までその怨恨が残ることになったのもまた事実である。

南朝が消滅したことで、義満はさらにその独裁制を強める。二年後に将軍職を息子の義持に譲って太政大臣となったが、将軍の実権は未だ義満の手の中にあった。そもそも将軍職を譲ったのも政治から退くためではなく、出家して俗世間から離れることで、幕府にとらわれないより自由な政治を行うためだった。

義満は出家の儀式を行う際、それを法皇受戒の儀式になぞらえて行ったという。そうすることで、自らの地位を法皇と同じところまで高めようとしたのだと考えられる。この後も義満は、たびたび法皇になることを望んでいるかのような行動をとっている。

一三九七年（応永四）に北山第を造営し、ここに移り住んだ。この北山第の一部が、有名な金閣寺である。義満はここを仙洞《せんとう》御所（上皇の御所）に似せて造ったというから、出家の時の儀式と同じく、自分を法皇になぞらえようとしたのだと思われている。

その目は海外へ

守護大名という内部の敵と、南朝という外部の敵を片付けた義満が、次に目をつけた目標。それは外国——明との国交再開であった。日本と外国との国交は、鎌倉時代に起こった元寇以来、絶たれていた。その再開に向けて義満が動き出したのは一四〇一年（応永八）のことで、九州の商人・肥富《こいづみ》と僧・祖阿《そあ》を使者として明に送ったのが始まりである。翌年になって肥富らが明の使者とともに帰還したので、義満は北山第で明からの国書を受け取ったのだった。

この国書には「日本国王源道義」と記されていた。道義は義満が出家後に改めた名前であり、義満はこれに応えて「日本国王臣源」と返書している。明への従属姿勢を見せた義満に批判はあったが、義満自身は明に仕える、という意識よりはむしろ、国書にあった「日本国王」という文字通り、一国の主権者であるという意識が強かったのだろう、と考えられている。

ともあれ対明交渉は成功した。義満はこの貿易により利益を生み出すことを目的としており、実際に絶大な効果を上げた。遣明使を遣わす際、船に甲冑や刀などの兵具を積み込み、明で民間相手に商売を行い、利益を上げたという。このような明との貿易によって上げられた利益が、この時期の幕府の大きな収入源となった。

「法皇」を目指した将軍?

こうして室町幕府の最盛期を築き上げた義満だったが、一四〇八年(応永十五)に後小松天皇の北山第行幸があり、その翌月に息子・義嗣の元服式を終えた辺りから、体調が優れなくなった。医師の参仕によって一時は回復に向かったものの、すぐにまた悪化し、そのまま息を引き取った。享年五十一。死因は咳病《がいびょう》とされているが、流行病という説もある。

義満の死後、朝廷では彼の功績を讃えて尊号を贈ろうと話し合いが行われた。しかし義満はすでに従一位という最高位に叙せられており、太政大臣も令制上での最高官であるため、贈るべき官位がない。あるとすれば、天皇が父を尊敬して贈る太上《だいじょう》法皇という称号だ。義満は後小松天皇の幼いころからの養育係だったこともあり、朝廷では義満に太上法皇を宣下することが決まった。

だが彼の後を継いだ足利義持《よしもち》がそれを辞退したために、結局それはかなわなかった。義満はおそらく生前から太上法皇の宣下を望んでいたと見られるが、死後の話では義持の意見を覆すことなどできなかったのである。

足利義持

室町幕府・四代
一三八六年〜一四二八年

父を否定し、政策を転換

弟ばかりが愛されて……？

三代将軍・足利義満の嫡子だが、父との折り合いは悪かった。それが影響してか、明との貿易に代表されるような義満時代の政策をことごとく否定し、破棄していったことで知られる。しかし彼の統治が悪かったというわけではなく、有力守護大名との力関係に均衡が取れて比較的平和な時代であったようだ。

南北朝の合一がなされたのは、義持が六歳のときのことである。動乱の時代は過ぎ去り、幕府の体制を強化し、安定を図ることが求められる時代であった。義持が征夷大将軍に就任したのは九歳のとき。しかしその実権は義満が握ったままで、義持は全く権力を持っていなかった。義満は京都の北山に別荘を建て、北山第と呼ばれるこの場所で政務を執り行っていた。十六歳になるころには権大納言《ごんだいなごん》にまで昇進していたが、それも全て父の権威によるものである。

さらに義満は、義持ではなくその弟・義嗣《よしつぐ》を偏愛していた。一四〇八年（応永十五）に後小松天皇が北山第に訪れたとき、義満は義嗣の席を公卿の座の中に設け、天皇の御前に座らせた。そして天盃という天皇から賜る杯を、義嗣に受けさせたのである。これは元服前の幼子にしては異例の待遇とされており、義満の溺愛ぶりが窺える。

このような義満の偏った愛情により、義持の後継者としての立場も危うくなった。将軍職自体はすでに義持が継いでいたものの、足利家の家督はまた別問題なのである。義持のライバルとして義嗣が持ち上がり、世間の人々も義嗣が家督を継ぐのではないかと噂するほどだった。そのため、義持は父だけでなく弟との間にも、埋まらない溝が出来ていた。

しかし、そんな義満が急死する。すると老臣の斯波義将が、義持が家督を相続すべきであることを主張した。これより、義持の家督相続が決定したとされている。

その後、朝廷から義満に対して尊号が贈与されることになったが、義持はこれを辞退した。これも義持の意思だけではなく、義将がかたくなに尊号宣下を拒んだからだといわれている。以後、義将は義持の補佐として政権の中心にあった。義満の政治に批判的であった義将の意見をいれつつ、義持は日明貿易の中止など、義満時代の政策を一変させていく。

内乱を切り抜け、自由な政治を目指す

一四一〇年（応永十七）、義将がこの世を去ると、各地で旧南朝勢力が不穏な動きを見せるようになった。その翌年、飛騨国司の姉小路尹綱《ただつな》、河内の楠木一族、さらに伊勢国司の北畠満雅《みつまさ》といった人々が次々と挙兵したのである。

そんな中、前関東管領・上杉禅秀《ぜんしゅう》（氏憲《うじのり》）が謀反に踏み切る。禅秀は家人が所領を没収された問題で、鎌倉公方の足利持氏《もちうじ》と対立し、関東管領を辞職した。さらに、持氏は禅秀の後任として、彼のライバルである上杉憲基《のりもと》を置いた。これでは禅秀が黙っていられるはずもなく、大規模な反乱に発展したのである。

しかも、この一件はこれだけではすまなかった。義持の弟・義嗣がかかわっているとの疑惑が生じたのである。義嗣は仁和寺興徳庵に幽閉され、二年後の一四一八年（応永二十五）に、義持の命を受けた近臣の富樫満成によって殺害された。

このような事件の一方で、義持は内大臣に任命されている。一四〇九年（応永十六）のことだ。そして石清水八幡宮の放生会《ほうじょうえ》という宗教儀式で、上卿《しょうけい》（執行の責任者となる公卿）を務めた。武士が放生会の上卿を務めたのは、義持の父・義満が初めてであり、義持にとっても名誉なことだったと思われる。さらに義持は三回も上卿を務めており、これは

室町将軍の中で他に例を見ない。

しかし義持は内大臣以上の地位を求めず、やがて辞職する。一四二三年（応永三十）には将軍職も息子の義量《よしかず》に譲り、出家して道詮《どうせん》と名乗った。政界から離れて隠居するためではなく、父と同じように将軍という立場に縛られずに、自由な政治を行うためだったと考えられている。

後継者を選ばなかった将軍

ところがわずか二年後、義量は急死した。そのため義持は、僧侶の身でありながら再び幕政にかかわることになった。しかし義持は再び将軍に戻ることはなく、また新しい将軍を選ぼうともしなかったため、彼の死までの間、将軍の座は空席の状態となる。

なぜ、義持は誰も将軍にしようとしなかったのか。義持は義量の死後、八幡宮で占いをしたという。占いの内容はもちろん、自分に再び息子ができるか否かである。占いの結果、「男子出生」とのことだった。さらにその夜、義持は男子が誕生する夢を見たというのだ。義持はその結果を信じて、男子が生まれるのを待った。しかし一四二八年（応永三十五）、結局義持待望の男子は誕生しないまま、彼は四十三歳でこの世を去った。

足利義量

室町幕府・五代

一四〇七年〜一四二五年

政治を行うことなく、父より先に没す

線の細い病弱将軍

四代将軍・義持と、正室・日野栄子の間に生まれる。

在位わずか二年で病没したために、父の行いからきた祟りだともいわれ、また彼の死でしばらくの将軍空白期間が生まれた。

十一歳で元服、右近衛中将正五位下に任じられた義量は、父が早々に将軍職を辞したため、十七歳で将軍宣下を受けることになった。

義持がまだ働き盛りであるにもかかわらず義量に将軍職を譲ったのには、先に述べたように自由な政治を行うためという理由のほか、義量の若いうちから彼の権威を高めておこうという思いがあったからだという。

まだまだ完全に安定しているとはいいがたい情勢の中で、将軍という地位に立つ者として少しでもその立場を確かなものにしておきたい。その考えから、義持は引退後も義量と行動を共にし、朝廷や諸大名の家に赴く時にも連れていったという。

実際のところ、義量が将軍だった時代の実権は「大御所」と呼称された義持にあり、彼はただの飾りに過ぎなかった。これは後の江戸時代における大御所政治に酷似した政治スタイルである。徳川将軍たちが年若い息子を将軍として立てながらも、老練な自分が実務を行うことによって政治的混乱を防いで、最終的には実権を次代へ譲り渡したのと同じような意図が、義量にもあったのだろう。

しかし、肝心の義量は痩身で体の弱い少年だった。将軍に就任した翌年には、流行り病の疱瘡《ほうそう》を患って寝込んでしまう。それでなくとも将軍職というのは、心身共に相当な疲弊を強いられるものである。ひ弱な義量には、到底耐え切れるものではなかった。

加えて、義量はかなりの酒好きであったという。宮中でひどく酔っ払ったり、守護大名の家で酔いつぶれたために院の御所に伺うことができなかったなど、酒による失態をたびたび演じている。

そのため義持に説教されて大酒を禁止され、さらに義量の近臣らにも、義持の許可なしで義量に酒を飲ませることを禁じた。これは義量の失態を咎めるだけではなく、もちろん彼の体を心配してのことでもあった。

呪いによって殺された将軍?

それでも義量の体は弱いままで、結局はそれが彼の命取りになった。将軍に就任してから二年後の一四二五年(応永三十二)、熱を出して寝込んでいた義量の容態が、急に悪くなった。義持は祈禱を行わせて義量の回復を願ったが、その思いは届くことなく、義量はそのまま息を引き取った。十九歳の若さだった。

二年しか将軍職に就いていなかったために、義量が残した事績と呼べるものは、いくつか寺社に出向いたことや、守護大名と会ったことを除き、これといって挙げることができない。

このあまりに早い義量の死に、人々の間では「義嗣の呪いではないか」という噂が囁かれたという。義嗣は義持の弟であり、義持によって殺されたことは彼の項ですでに述べた。その義嗣に、義量は呪い殺されたのだという話だ。またその他にも、義量の死の一年前に石清水八幡宮の神人ら数十人が幕府に強訴をして殺されており、その神罰が下ったのだという噂もあった。

このような不吉な出来事を予兆するかのように、義量が発熱によって床に臥《ふ》した数日後には、数千のヒキガエルが馬場に集まり、幕府に妖気が立ち込めたという話もある。なんとも気味の悪い話だ。

とはいえ実際のところ、義量の死因は生来の体の弱さと、生活環境の悪さであろう。流行り病である疱瘡にかかっていた、という話もある。

「将軍の妻」の実家・日野氏の存在

呪いとは別の見方もある。義量以降も、足利将軍家には病弱なものが多いのだが、それは彼らの血筋に問題があるのでは、というのだ。

彼の母の実家である日野家は藤原北家から分かれた名門公家だが、特に室町時代には足利将軍家と結びついて大きな力を誇った。室町幕府の歴史に与えた影響も小さくないので、ここで紹介しておきたい。というのも、三代義満から九代義尚まで、その妻のほとんどがこの日野家から出ているのだ。一時、日野義賢の代に時の将軍・足利義教《よしのり》による圧迫を受けて没落したが、足利義政の正室になった日野富子の代に復興を果たしている。その富子が原因で、室町幕府衰退のきっかけとなる応仁の乱が起きるのだが――。

足利義教

室町幕府・六代

一三九四年〜一四四一年

偶然で将軍になり、「万人恐怖」と呼ばれる

「くじ引き」で選ばれた将軍

後継者の決まらなかった将軍の座に、「くじ引き」で選ばれた。将軍専制を志向して数々の改革を行ったが、行き過ぎて「万人恐怖」と恐れられ、ついには暗殺される。

五代将軍の足利義量が亡くなり、しばらくの将軍不在の期間が続いたのち、次の将軍が決まらないままに一四二八年（応永三十五）、四代将軍の義持も没してしまった。重臣たちは相談し、義持の四人の弟の中から次期将軍を選ぶことに決めた（死の直前の義持から許可を得ていたとも）。その選出方法というのが、なんとくじ引き。運任せだったのである。

時の管領・畠山満家が石清水八幡宮の神前でくじを引いた結果、選ばれたのは義持の八つ年下の弟・義満の四男で十歳のころより仏門に入っていた青蓮院義円《しょうれんいんぎえん》だった。ただ、こ

のとき周りには誰もいなかったとされている。そのため、これが本当に偶然の結果だったかどうかはわからない。

ともあれ義円は還俗し、翌年には元服して「足利義宣《よしのぶ》」となり、さらに将軍宣下を受けて六代目の室町幕府将軍となった。この時、「義宣」は「世を忍ぶ」と同じ響きを持ち、縁起が悪いとして再度名を改め、「義教《よしのり》」とした。どうにも縁起担ぎや神頼みの多い将軍就任エピソードだが、これは現代の感覚で考えてはいけない部分なのだろう。

将軍権力の確立に奔走する

将軍就任当初の義教は、兄の義持と同じように、管領以下の重臣たちの意見を取り入れて政治を行っていた。しかし、しばらくすると、義教は将軍専制を意識するようになり、反抗する者に対しては強硬な姿勢で臨むようになる。

その一つとして、比叡山延暦寺との抗争が挙げられる。軍事力も兼ね備えた延暦寺は、畿内において大きな勢力を誇っており、尊氏以来の歴代将軍も、延暦寺との付き合い方には心を砕いていた。しかし延暦寺の僧兵の乱暴な振る舞いは目に余るところがあり、義教は幕府の権威を高めるためにも、この制圧に乗り出したのだった。

一四三四年（永享《えいきょう》六）、幕府との対立姿勢を強める鎌倉公方の足利持氏《もちうじ》と、延暦寺とが通じているという噂が流れたために、義教は延暦寺の山門を囲ませる。降参を申し出た衆徒らはしぶしぶ許したものの、首謀者となった四人のことは許せなかったらしく、誘い出して殺してしまったという話だ。

ここで名前が出た持氏も、義教のライバルといっていい存在だ。同じ足利氏なのに、自分はあくまで地方機関の長に過ぎず、将軍になれないのはおかしい、というわけだ。そのため彼は関東で独自の支配を確立させようとして、幕府に対抗していた。

義教はこの危険分子も放置せず、制圧に乗り出した。一四三八年（永享十）から関東管領である上杉憲実《のりざね》と持氏が対立し始め、関東の情勢が危うくなってくると、このチャンスを見計らって義教は鎌倉に軍を送り込んだのである。

幕府軍に援軍が送られ、さらに鎌倉方からそちらに寝返る者まで出始めると、持氏は一気に不利になった。そこで持氏は敗北を悟って降参を申し入れたものの、その子の義久もろとも自害に追いこまれ、鎌倉府は一時消滅してしまった。これを永享の乱という。

そのほか、義教は九州の統治にも乗り出し、これを成し遂げている。比叡山延暦寺の制圧、関東府や九州の統治などは、これまでの室町幕府が成し遂げられなかったことであり、義教の政治的手腕が優れたものであったことを証明しているといえよう。

ひと呼んで「万人恐怖」

その一方で、義教はひどい癇癪《かんしやく》持ちで、自分の気に入らないことがあればすぐに怒り、そして些細なことで人々を処罰した。「万人恐怖」と呼ばれたゆえんである。

たとえば一四四〇年（永享十二）、義教が禁中にて松囃子《ばやし》という鼓舞の主宰を務めたとき、これを演じたのは芸人ではなく大名の子弟たちだった。右大臣の鷹司房平《たかつかさふさひろ》がそのことに不満を漏らすと、機嫌を損なった義教は彼の所領を取り上げてしまったという。

このほかにも、献上された梅の木の枝が折れていたからと監督者に切腹を命じたり、公卿の正親町《おおぎまち》三条実雅の邸宅を訪れたとき、妾の返事の仕方が良くなかったとして激怒し、彼女を刀の鞘《さや》で打ち据えたりしたという。

義教に処罰された者の数は、彼の将軍在任期間の前半だけでも、八十人にのぼったとされている。この記録では、大名や武士は数に入れられていないので、実際にはもっといたはずだ。その処罰の理由のほとんどが、義教の癇に障っただけの些細なものだったらしい。

なぜ、義教はここまで狂気に侵されていたのか。一説には、彼の体に原因があるともいう。義教は生まれつき体が弱く、毎年のように病床に臥せっていた。この病に対する精神的なストレスが、義教の残虐性を駆り立てたのではないかという説だ。

仏門に入っていた身から突然還俗させられたのが原因という「環境の変化説」もある。もともと俗世間から離れて暮らしていたところを、三十も過ぎてからいきなり生臭い政治の世界に引きずり込まれたため、精神が不安定になってしまったのでは、という話である。

嘉吉の乱に義教死す

このような義教の残虐行為、また権力の集中化に、不満を感じる人は少なくなかったのだろう。ついに一四四一年（嘉吉元）、事件が起こる。いわゆる「嘉吉《かきつ》の乱」だ。

その日、播磨・備前・美作《みまさか》の守護である赤松満祐《みつすけ》が、義教の関東平定を祝したいといって、自分の家に彼を招いた。当日、義教は西洞院二条にある赤松邸を訪れたものの、何故かそこに満祐本人はいない。しかし満祐の子息である教康《のりやす》が見事にもてなして見せたため、義教は満祐不在をそこまで不審に思うこともなく、上機嫌で酒を飲んでいた。

ところが不意に屋敷の内外が騒がしくなったかと思うと、宴会を行っていた部屋に数十人の刺客が斬り込んできて、義教はあっという間に首をはねられた。このとき、同じように招かれていた大名たちはほぼ全員が逃げ出してしまったという。

この計画の黒幕こそが満祐であった。前述のとおり、赤松氏は三ヶ国の守護を務める名門だったが、義教が赤松氏の庶流である赤松貞村を溺愛し、満祐の有する三ヶ国を全て彼に与えるという噂が流れていた。実際に一度、義持が将軍だった時代にも同じような理由で所領を取り上げられそうになったことがあり、満祐の不安は極まった。暗殺計画に及んだのは、満祐にこのような理由があったからだとされている。

作戦は見事に成功した。満祐や教康らは討ち取った義教の首を剣に突き刺し、それを高く掲げて堂々と京都より退去していったという。幕府は将軍の急死によってトラブルが起きることを懸念し、なかなか追討軍を発することができなかった。しかし、事件の現場にいながらも逃げ出すことのできた管領・細川持之《もちゆき》が、義教の子の千也茶丸《ちやちやまる》を将軍に据えることで政局を安定させ、ようやく追討軍が出陣した。

この追討軍が赤松軍を打ち破り、満祐は一族とともに自害することになったが、義教の死について伏見宮貞成《さだふさ》親王は、自身の日記である『看聞御記《かんもんぎょき》』の中に「自業自得である」と綴っている。こうして「万人恐怖」の時代は幕を閉じ、情勢は再び将軍権力の衰退と有力守護大名たちの権力強化へ向かっていくことになる。

足利義勝

室町幕府・七代
一四三四年〜一四四三年

わずか八ヶ月の短命将軍

平穏な幼少期から一転、将軍に

義勝《よしかつ》は義教と日野重子の子として生まれた。幼名は千也茶丸。日野家といえば先にも紹介したとおり、三代将軍の義満以来、将軍の正室を送り出してきた家である。しかし義教は三条尹子《ただこ》を正室とし、重子は側室に置いていた。日野家の権力が増大することを憂慮していたのだろう。さらに、重子の兄・日野義資《よしすけ》は義教の癇に障って蟄居《ちっきょ》を命じられていた。重子が義勝を産んだ時、祝意を述べるために諸将らが義資の家を訪れたところ、義教はその者たちを全員処罰してしまったという。その数ヶ月後には、義資自身も義教の刺客によって殺害されてしまう。

このような背景があり、義勝は尹子の猶子として育てられた。実の母の実家と父の確執はありつつも、父の義教にも深い愛情を注がれ、平穏な幼少期を過ごしていた義勝。しかし、嘉吉の乱によって父が殺害されてしまったことから、彼の運命は激変する。

嘉吉の乱が起こった直後、養育係である伊勢貞国の兄の家にいた義勝は、そこで厳しい警備態勢の下に置かれていた。事件から二日経ってから室町殿に移され、義勝が次期将軍となることが決定される。

土一揆に苦しめられた幕府

彼が後花園天皇から「義勝」の名を賜り改名した時には、嘉吉の乱から二ヶ月ほど経過していた。将軍宣下を受けたのはそれからさらに数ヶ月後、義勝が九歳になった一四四二年（嘉吉二）のことである。その間に、義教暗殺の首謀者である赤松満祐は討伐された。

しかし、京都近辺では嘉吉の乱に乗じる形で徳政（借金の取り消し）を求めた土一揆が勃発した。地侍や馬借《ばしゃく》たちが蜂起し、大軍に膨れ上がった一揆勢は、京都の出入口を塞いで外部との連絡を断ち、酒屋や土倉《どそう》（当時の質屋・金融業者）を襲撃。これに煽《あお》られた一般市民たちも放火を行い、大規模な騒動へと発展した。

鎮圧を求められた管領の細川持之は、幕府の中心人物らと話し合い、徳政は避けられないだろうという結論に達する。一揆勢の要求を受け入れ、徳政令を発布することを宣言した。

これに対し、一揆勢はのちのちに公家や武家から受ける報復を恐れたのか、自分たちだけではなく公家や武家も同じように徳政の対象とするように要求してきた。仕方なしにこの要求を受け入れた幕府は、天下一同の徳政令を出す。

こうしてようやく事態は収束したが、一揆の圧力に幕府が負けたこの事件は、その弱体化を露呈することになった。さらに幕府は土倉から得られる収入に頼り切っていたために、財政難を強いられることにもなったのだった。

わずか八ヶ月で……

このような情勢の中で将軍に就任した義勝だったが、その補佐をしていた細川持之が嘉吉の乱や嘉吉の土一揆などの取りまとめで心労が溜まったのか病に陥り、管領職から退いてしまう。代わりに管領を務めることになった畠山持国《もちくに》が義勝の補佐を引き継ぐことになったが、ここでまたしても事件が起きる。加賀守護代である山川八郎が、持国を襲撃すると宣言したのだ。

ことの始まりは、義勝の父である義教が、加賀守護を務める富樫教家から守護職を剥奪したことだった。守護職はそのまま弟の泰高《やすたか》に譲られたが、義教の死後に教家と泰高が内乱を始めてしまう。山川八郎は泰高派だったものの、戦いに破れてしまう。そこで、教家の息子である亀童丸を援助していた畠山持国に狙いを定めたのである。

この騒動に際して、義勝の母である日野重子が仲裁に乗り出して、泰高を援助する代りに、八郎とその父が切腹する、ということでようやく事態は収束した。このように立て続けに起こる騒動に、乱世の兆しが見え始めてきていた。また、まだ幼い義勝の就任そのものが、幕府の権威低下の象徴である、という見方もある。

そんな中、義勝が赤痢にかかった。食事もとれなくなった義勝に回復の見込みはなく、発症から数日後に息を引きとってしまう。享年十歳、在位期間はわずか八ヶ月であった。これは義教によって征伐された足利持氏や、義教の暗殺を成し遂げたものの間もなくして自害に追いやられた赤松満祐らの怨霊の仕業だという噂が流れた。同時に、「本人には何の罪もないのに、父親のせいでこんなことになってかわいそうだ」と義勝を憐れむ声もある。

また、義勝の死因として「出雲から送られてきた駿馬《しゅんめ》を気に入り、毎日のようにこの馬に乗っていたが、誤って落馬してしまい命を落とした」というものもあるのだが、こちらの話は信憑性が薄い。

足利義政

室町幕府・八代

一四三六年〜一四九〇年

応仁の乱を引き起こした文化人

政治への情熱はすぐ失われ……

六代将軍・足利義教と日野重子の子。兄・足利義勝の夭折により、幼くして家督を継いだ。義勝が死去した時、義政（当時の名は義成）はまだたったの八歳だったため、しばらくは将軍不在の期間が続き、十四歳になったころにようやく将軍宣下が行われた。

義政は、最初のうちは政務に積極的にかかわろうとしていたらしい。当時幕府の主導権を握っていたのは畠山持国や細川勝元、山名持豊といった重臣たちや母・重子であった。結果、義政の命令はしばしば反対に遭い、また、義政の許可を得ないまま勝手に守護職の任命を行うなどとトラブルが多く、結果として義政は政治に対する意欲を失っていった。

このころの義政の側室に、今参局《いままいりのつぼね》という女性がいる。彼女は義政が赤ん坊のころから世話をしてきた女性で、義政より十歳も年上だ。義政はそんな彼女を寵愛し、間に女子も儲けたという。ただ、気が強く頭も良かった今参局は、単に側室の枠に留まっていただけでなく、政治の面でも強い権力を握っていたのである。

一四五一年（宝徳三）には、義政が尾張の守護代を織田敏広から兄の郷広《さとひろ》に交代させようとして、それを持国や母の日野重子らに反対されるという出来事があった。しかしこの時、今参局だけは義政の意見を推したため、義政は他の意見を退けようとしたのだった。このことから今参局は、政治干渉を理由に重子らによって一時的に追放されるものの、義政の寵愛を得ていたためにすぐに戻ってきたという。

その後も今参局は義政の傍で権力を握り続け、義政が二十歳になるころには有馬持家、烏丸資任《からすますけとう》という二人の家臣とともに「三魔」と呼ばれ（全員の名前に「ま」が入っていることが由来）、「政は三魔より出づ」などと言われるようになっていた。将軍である義政ではなく、三魔によって政治が執り行われているということだ。

そんな中で義政は結婚し、日野富子を妻に迎えた。正室である富子と、側室でありながら巨大な権力を手にする今参局は当然のごとく敵対し、やがて富子は自分の子が生後間もなく死んでしまったのを今参局が呪ったせいだと義政に訴えることで、今参局を処罰させることに成功する。

今参局がいなくなった後も、義政は政務に復帰しなかった。花見や紅葉見物、酒宴などを頻繁に行い、遊びふけるようになっていた。その費用は相当なもので、特に一四六五年(寛正六)に開かれた大原野の花見は、衣服・調度などが前代未聞といわれるほどの華美さだったという。さらに義政は建築や造園にひときわ熱を注いでおり、室町殿の復旧も行って邸内に新殿や泉を造った。母・日野重子のために新しい邸宅も造営し、設計から工事まで全て義政自身が中心となって進行した。

ちょうどこの時、世間は酷い大飢饉に陥っていた。寛正年間は水害や干害、地震などが頻発し、異常気象が続く中で民衆は苦しんでいたのである。全国的に広まった大飢饉はもちろん京都も例外ではなく、台風の氾濫によって京都への食糧の搬入が困難になったりもしたため、多くの餓死者が出た。死体は川べりや空き地の草むらに葬られたものの、その死体で川の水がふさがるほどだったという。このような惨状を物ともせず、義政は豪奢な生活にふけっていたのである。これを見とがめた後花園天皇が義政を非難する文書を送ったものの、一時的に邸内の新殿の造営を中止しただけで、しばらくすると工事を再開した。

応仁の乱の引き金を引く

結局のところ、義政の頭にあったのは「政治から離れて趣味に没頭したい」というだけだったのだろう。そこで「早く引退したい」と考えた彼は、弟の浄土寺義尋《ぎじん》を還俗させて自分の養子にし、後継者とした。義政はそのときすでに二十九歳になっていたが、いまだに後を継ぐべき男子がいなかった。

義尋は最初、義政の申し出を断った。けれど義政が「今度男子が生まれることがあっても、将軍職は必ず義尋に譲る」と誓書を渡したので、後継者となることを承知したのだという。こうして義尋は還俗し、名を義視《よしみ》と改めた。

しかし、なんとその翌年になって富子が男子を出産する。富子は当然、自らの産んだ子を将軍にしたいと望み、義視と対立するようになった。そしてその後援者として、守護大名の中でも有数の実力者である山名持豊を頼ったのである。これに対し、義視は同じく有力者の細川勝元を後援者とした。

持豊と勝元は畠山持国が亡くなって以来、幕府の舵《かじ》取りをめぐって激しく争っていた。しかも、管領の畠山家と斯波家が家督争いを繰り広げていて、それぞれが持豊・勝元に接近していた。

そこに将軍家の家督争いまで結びついたのだから、ただで済むはずがない——そうして勃発したのが、一四六七年（応仁元）からの「応仁の乱」であった。京都を中心として全国にも波及したこの大規模な内乱は、結局一四七七年（文明九）に和睦が結ばれるまで、十一年にわたって続いたのである。

この乱の中にあっても、義政はあくまで傍観者であろうとしていた。いつもと変わらず酒宴を開き、騒乱を避けるように過ごしていたという。しかし客観的に見ると、義政が手を出したところで事態を収拾するのは難しかったろう。

地位を息子に譲り、趣味へ逃避する

まだ動乱が終結していなかった一四七三年（文明五）、義政は実子・義尚《よしひさ》に将軍職を譲り渡した。一度は義視に「将軍にする」という誓書まで渡したものの、やはり富子と同じく自分の子が可愛かったこと、そして義視の強硬な態度に嫌気が差したことが原因であったという。

政治の第一線から離れた義政は、京都の東山に山荘を築いてここに移り住んだ。義政は東山殿と名付けられたこの山荘で、かねてからの望みであった風流生活を送ることになる。

義政が移り住んでからも造営が続けられた東山殿は、庭園を含め西芳寺を模して造られたとされている。

その中でも特に有名なのが、今にいう銀閣寺である。これは義政が観音堂として建設したもので、三代将軍・足利義満の金閣寺を真似て銀箔をはるという計画が立てられていたが、その前に義政が死去してしまうため、それはかなわなかった。

しかし彼の活動は、単なる趣味として終わっただけでなく、この東山殿を中心として栄えた文化が「東山文化」として歴史に名を残したことを忘れてはいけないだろう。優れた才能や技術を持つ者を傍に置き、さらにそこに日明の貿易で工芸品などが輸入されたため、それらの多様な芸術や文化が融合し、新しい文化が生まれたのである。

このようにして趣味に没頭する日々を送っていた義政だったが、東山殿に移り住んで間もなくした頃から、彼の体は不調を訴えるようになっていたようだ。一四八九年（延徳元）には将軍職を譲った息子・義尚が死去し、彼の後継者がいなかったために義政が再び政務を担当することになったが、このときにはもう、心身ともに政治に耐えられる状態ではなかったのである。結局、その年のうちに義政は言葉も満足に喋られなくなり、その翌月には危篤状態に陥ってしまう。そして二日後、一四九〇年（延徳二）の正月七日に義政は息を引き取った。五十五歳だった。

足利義尚

室町幕府・九代

一四六五年〜一四八九年

遠征の末に倒れた将軍

幼くして将軍職をめぐる争いに巻き込まれる

八代将軍・足利義政と日野富子の間に生まれた子であり、義政の項で紹介したように彼の誕生こそが応仁の乱の引き金となった。

生まれてから一ヶ月が経ったころ、義尚は重臣の伊勢貞親《さだちか》の家に移された。これは将軍家の慣例であり、将軍となる子は生まれてすぐに伊勢氏に引き取られ、養育されることになっていたからだ。

義尚の養育係となった貞親は、彼を次期将軍とするため義視を殺そうとし、そのために義政をそそのかした。しかしこの謀略は露見し、管領の細川勝元らが貞親とその協力者の討伐を命じたので、貞親は近江へ逃れた。

そのため、貞親の息子の貞宗が、義尚の養育係を引き継ぐことになる。貞宗は父に比べて中立派だった。そのため、義尚の後見人として強い発言力を発揮し、また義尚の将軍擁立に積極的に動いたのは母の富子、そしてその兄の日野勝光だった。衰退していた日野家の復興を成功させたふたりとしては、「将軍の母」になることでさらなる勢力を獲得したかったのだろう。富子は兄の勧めもあり、勝元を味方につけた義視に対抗して、山名持豊を味方につけた。

このような将軍家の内紛に幕閣の権力争い、有力守護大名の後継者争いが絡む形で勃発したのが応仁の乱であったのは、すでに紹介したとおり。十年以上にわたったこの内乱も、一四七三年（文明五）に義尚が元服して将軍となり、また同じ年に両軍の総指揮官である勝元、持豊のふたりが相次いで亡くなったことから、戦いは下火となり、数年後にようやく終結した、という次第である。

応仁の乱が幕府崩壊の始まり？

応仁の乱以前、室町幕府の治世は全体的には安定していた、といっていい。本書でここまで紹介してきたような内乱や小競り合いはしばしば見られたものの、それが幕府のシステムそのものを揺るがすようなことはなかった。

守護大名たちは任地ではなく京にいて中央の政治に参加し、統治を行うのはその部下である守護代（守護代も京にいる場合はさらにその代理である又代《まただい》）の役目だった。それが室町幕府の地方自治システムだったのである。

だが、応仁の乱後は地方で小競り合いが続くようになってしまった。また、守護代、又代、国人《こくじん》（地付きの小規模武士）が地元で力を持つようになった。後の戦国大名たちの多くは、そのような身分から下剋上によって成り上がった者たちである。このような状況の変化に対応するため、守護大名たちは京を離れて地元に戻り、自らの勢力を守る戦いをしなければならなかった。

将軍の権威を掲げつつ、在京守護大名の合議によって政治を行う室町幕府の体制は、この内乱を経て崩れていく——応仁の乱が室町時代と戦国時代の区切り、といわれていたゆえんである。

近年は「応仁の乱後も将軍権威は健在だった」ということからこの説は下火になっているが、しかしこの事件が室町幕府に強烈な楔《くさび》を打ち込んで崩壊を早めた、ということは間違いないだろう。そのきっかけこそが義尚だったのだ。もちろん、子供だった彼の責任ではないのだが。

やがて両親と不仲に

将軍にはなったが、義尚はまだ九歳。政務は引き続き義政が行うことになる。実際に義尚が政治を行うようになったのは、一四七九年(文明十一)からとされる。義尚は父とは反対に政務に意欲的で、一条兼良《かねら》という学者に政道の教えを自ら請うている。これに応えて、兼良は政道指南書となる『樵談治要《しょうだんちよう》』や、『文明一統記』を執筆し、義尚に贈った。

しかしながら、義政は東山殿に隠居したのちも強い支持者を有していたので、東山殿は東府、室町殿は西府と呼ばれ、二つの幕府が存在しているような状態だった。さらにそれだけではとどまらず、義政と義尚にそれぞれついた奉行衆が対立するようになったのである。このため幕政はなかなか義尚の思うようには進まなかった。

これに加えて、父・義政との間にも亀裂が入る。貿易や社寺の管理などの権限を義政が手放そうとしなかったために、義尚が新しい政治を行おうとしてもできなかったからだという。またその他にも、義尚と義政が同じ女性を好きになって不仲になったという話まであり、苦笑するしかない。

しかも義尚は父だけでなく、母・富子との仲も次第に悪くなっていった。富子は義尚を溺愛しており、独立心の芽生え始めていた彼にとっては、その干渉がうっとうしく思えていたのではないかと考えられている。義尚は富子を避けるように、養育係だった伊勢貞親の子・貞宗の家に移り住み、義尚との不和によって富子の権勢は衰えていくことになった。

思うように政務が進まない中で、義尚も父と同じように酒を飲んだり、趣味の世界に没頭したり、と悪癖を見せるようになっていったらしい。ただ、その文化的な才能は優れたもので、膨大な数の和歌を詠み、『常徳院集』という歌集を残している。また、絵画や書にも通じており、「後《ご》土《つち》御《み》門《かど》天皇が義尚に絵画を提出するようご所望された」という記録が『御《お》湯殿《ゆどの》上《のうえの》日記《にっき》』に残されている。

遠征の末、病に倒れる

そんな文人趣味の生活を送っていた義尚だが、父と違って政治への情熱そのものを失ったわけではない。彼が近江に出征することになったのは、一四八七年（長享元）のことだ。近江守護の六角高頼が、近江国内の将軍家やその家臣の所領、寺社本所領などを押領したことが発覚したため、諸将を集めてこれの征伐に向かったのである。この出陣は高頼征伐を目的としただけでなく、幕府の威厳を回復するという意味も込められていた。

近江の坂本に陣取った義尚は、高頼のこもる観音寺城に一斉攻撃を加えた。この攻撃に、高頼が観音寺城を放棄して甲賀に逃げ込むと、義尚は続いて自陣を鈎《まがり》に移動。しかし、甲賀の山間に逃げ込んだ六角勢を掃討することはなかなか難しく、しばらくすると幕府軍は一旦撤収することになる。

しかし、この隙を狙って六角勢が一気に襲撃を仕掛けてきたので、形勢は逆転。六角勢のこのようなゲリラ戦法により、戦いは長期になることが予想された。こうして鈎に長い間滞陣することになった義尚だったが、その間に幕府の奉公人による内紛や、一向一揆の平定のために戦線を離脱する者が現れるなど、さまざまなハプニングが重なって戦いは思うように進まなかった。義尚は鈎に滞陣する間も、一般の政務に加えて和歌会や連歌会などを陣中で開催していたが、長期にわたる戦いに疲れが出たのか、次第に寝込むことが多くなっていった。何度か病気になっては回復を繰り返したものの、一四八八年（長享二）にはついに重病を患い、陣中に医師を呼ばなければならないほどになった。

翌年、義尚は危篤状態に陥る。母の富子が鈎まで駆けつけたものの、回復することなく二十五歳の若さで息を引き取った。高頼征伐のために出陣してから一年半の月日が流れていた。

足利義材

室町幕府・十代

一四六六年〜一五二三年

幕府崩壊劇の主役となった「流れ公方」

六角氏討伐を成し遂げる

名を「義尹《よしただ》」「義稙《よしたね》」と改めた彼は、征夷大将軍が武家政権の長・幕府の頂点となってからは唯一、二度将軍になった人物でもある。そのため、本書では義材《よしき》についての紹介をふたつの項目に分けて行う。波瀾万丈の生涯の中で、各地を転々としたことから、「流れ公方」なる異名を奉られている。

九代将軍の足利義尚が病死し、新たな将軍として選ばれたのが彼、義材である。その父は、義尚および日野富子との抗争に敗れて将軍に就任できなかった足利義視だ。

義材は十二歳になる頃には父に連れられて土岐成頼《しげより》を頼り、美濃に下った。それから十二年の月日を美濃で過ごしたが、ある日九代将軍・義尚が死去したとの報を受け、父子揃って上洛する。翌年には義尚の父である義政も他界したため、ふたりにチャンスが回ってきた。義材は富子に擁立される形で、十代将軍となったのである。

しかし義材には、将軍就任当初から厄介な政敵がいた。それが時の管領・細川政元である。政元は、義政の弟である堀越公方《ほりごえくぼう》・足利政知の子、つまり義材にとっては従兄弟にあたる清晃《せいこう》を次期将軍として推薦しており、義材の将軍就任に反対していたのだ。以降、義材と政元との対立が続くことになる。

翌年、義材の補佐役を務めていた義視が死去した。不思議なことに、義視が亡くなったのは義政の死からちょうど一年後の、一四九一年（延徳三）正月七日だったという。

義視の死後、義材は前将軍である義尚の遺志を継いで、六角氏討伐に乗り出す。実は義材は、一度六角高頼を赦免しており、その際に条件の一つとして寺社本所領の返還を約束させた。しかし、六角氏側は返還を拒否してきたのである。そのため義材は赦免を取り消し、足利一族や公家衆、さらに政元含む近臣らを率いて近江に出陣。その軍勢は、義尚の時のそれをはるかに上回っていた。

これに対し、事前に義材出陣の報を手に入れていた高頼は、義尚の時と同じくゲリラ戦法に移るため、居城である観音寺城を出て甲賀の山中に身を隠した。そして幕府軍が陣を敷くとそこに奇襲をかけたが、逆に猛攻を受けて多くの犠牲を出してしまう結果となる。

この戦いで勝敗は決し、義材は高頼から取り上げた守護職を、高頼の一族の虎千代と、北近江の京極高清に半分ずつ担当させることで、近江の平定を終わらせた。

明応の政変――戦国時代の始まり

次に義材は、幕府と将軍の権威回復に乗り出した。そのターゲットとなったのが、畠山基家であった。畠山氏は応仁の乱の後も内紛が絶えず、畠山義就《よしなり》と基家の父子が、畠山政長との抗争を続けていたのである。政長は義就が死没するとこれを好機と見て義材に基家討伐を促した。その後押しを受けて、義材は討伐に踏み切ることになる。

近江平定を終えた翌年、義材は政長らの諸将を従えて出陣した。これに呼応して大和の武将・成身院順盛《じょうしんいんじゅんせい》が基家方の諸城に攻撃を始めたため、義材の進軍は比較的スムーズに進んだ。

しかし、ここで思いもよらない事件が起きた。義材の将軍就任以来の政敵であり、政長とも対立していた細川政元が、義材の存在を疎むようになっていた日野富子と密かに通じ、背後――京でクーデターを起こしたのである。政元は義材方の諸将の家や寺院などに火をつけてまわり、清晃を新たな将軍として擁立した。

　このことが討伐軍に伝わると、これに加わっていた諸将らは次々と引き上げていき、それどころか政元に内通するものまで出てくる。京からは政元の命を受けた軍勢がやってきて、そこに寝返った諸将も加わった。

　そこで義材と政長は基家攻めの陣所にしていた正覚寺城に籠城し、これらに対抗した。当初は義材側にも勢力が残っており、一度は敵軍を撃退するほどの奮闘を見せる。しかし援軍としてやってくる予定だった軍勢が途中で敗れてしまい、救援のあてがなくなってしまうと、ふたりもついにあきらめざるを得なくなった。政長は自刃して果て、義材は捕らえられることになったのである。

　義材は竜安寺に幽閉された。しかし小豆島への配流が決定されると、そのことを知った彼は警固番を殺害して脱出し、越中へと向かった。ここから、将軍への再就任を目指した義材の流浪の旅——「流れ公方」の苦難が始まるのだが、詳しくは次次項に譲る。

　この一件を「明応の政変」と呼ぶ。仮にも将軍の地位にあるものが、部下によってその座を追いやられてしまったことで、ただでさえ応仁の乱で大いに揺らいでいた将軍と幕府の権威は完全に地に落ちた、といっていい。全国で加熱していた小競り合いを止めるものはもはやなく、世は戦国時代へ突入していくのだった。

足利義澄

室町幕府・十一代
一四七九年～一五一一年

管領の傀儡将軍は京を追われ……

細川政元によって擁立される

義澄《よしずみ》は堀越公方・足利政知の子である。政知は八代将軍・義政の弟で、兄の命を受けて関東公方になるべく関東地方へやってきたものの、動乱が続いていたため鎌倉に入れず、伊豆の堀越を拠点とした。それが堀越公方のゆえんで、つまり義澄は義政の甥にあたるわけだ。そんな義澄は八歳のころ、伯父の義政に天龍寺香厳院《きょうごんいん》への入室を勧められ、上洛している。義澄の父・政知が以前、香厳院の院主を務めていたためだ。父母と別れて京都を訪れた義澄は、剃髪して清晃と称した。

一四八九年（延徳元）、九代将軍・義尚が死去すると、義政や管領の細川政元らが彼を擁立しようとする。応仁の乱で争った義政の弟・義視が子の義材を立てようとしたため、権力が義視の手に渡るのを危惧し、その対抗馬として目をつけたわけだ。

このときは結局、義政の妻・日野富子らの反対もあり、義材が将軍に就任することとなった。だが将軍家の家督問題は、その後も義材と政元の対立という形でくすぶり続け、やがて義材を擁立した富子も義視と反りが合わなくなり、政元に味方するようになった。この頃になると、再び清晃を将軍に擁立する動きが表立ってくる。

そして一四九三年（明応二）、明応の政変が起きた。義材を失脚させるためのクーデターである。政元は反旗を翻すと、すぐに清晃を自分の邸宅に入れて還俗させた。還俗した清晃は従五位下に叙せられ、名を義遐《よしとお》と改める。政元はさらに義材から差し出させた将軍家に伝わる鎧と刀を与えて、新将軍として擁立する準備を進めていく。この後、再び改名し、今度は義高と名乗るようになっている。

傀儡とされ、怒りを爆発させる

義高への将軍宣下がなされたのは一年後のことだった。そして、元服式はそれよりさらに七ヶ月も先に行われる予定になっていた。これは政元が典礼を嫌う傾向にあったため、彼の家臣らが説得するのに時間がかかったのだという。

このように典礼を疎んずることをはじめ、政元はたびたび不遜な態度に出ることがあった。加えて、政元は奇妙な言動をとることも多く、修験道という宗教に凝り、魔法を使うだの空中に立つだのといわれていた。ある種の奇人だったのである。

一五〇二年（文亀二）には義高は参議、従四位下、左近衛中将となり、名を義澄と改める。しかし、政元の奇怪な振る舞いも影響し、ふたりの間に不和が生ずる。義澄は将軍に就任したといっても実質的には政元の傀儡に過ぎず、あくまで形式上の実務をこなすだけであった。このことも義澄の不満の種となり、両者の溝を深める原因になった。

実際に、政元が義澄のことを傀儡としか思っていなかったことが、義澄の左近衛中将任官の際の意見からも窺える。政元は義澄の左近衛中将任官に反対し、「天下に命令するのには将軍の名前さえあれば充分。左近衛中将になる必要はない」といったことを述べているのである。

政元のこのような態度に、義澄はついに怒りを爆発させ、政元を窘《たしな》める五ヶ条を突きつけた。そして岩倉金竜寺に隠居するという方法で、政元への抵抗を示したのだった。これにはさすがの政元も、慌てて金竜寺に赴いたものの、義澄は取り合おうとしない。その二日後に、慰めと帰京を勧める天皇からの勅書が送られてきたため、京都には戻った。だが、政元は義澄に突きつけられた五ヶ条を結局無視し、二人の仲も修復することはなかった。

戻ってきた義材に京を追われる

細川氏の内紛によって政元が殺害されたのは一五〇七年（永正四）のことである。これで政元の専横も終わったと思いきや、義澄には別の強大な敵が迫りつつあった。政元らの起こしたクーデターによって失脚させられていた前将軍・義材である。

義材は名を義尹と改め、各地を渡り歩きながら復権の機会を狙っていた（詳細は次項に譲る）。義澄は、政元の後を継いで管領となった細川澄元に義尹との和睦を勧められたが、これを拒否。将軍の権威の低下を危惧していたようだ。

しかし、幕府重臣たちの判断は違った。義尹の勢力に抗いきれないと判断し、義尹を援助する大内義興《よしおき》との話し合いを細川氏に命じたのである。ところが、これを命じられた細川高国が裏切って義尹と手を結び、軍勢を率いて京都に押し寄せる。

結果、義澄やその近臣らは京都から脱出せざるを得なくなる。将軍職も解かれることとなり、義澄は近江甲賀に逃れていった。

その後、細川氏や北九州の大友氏の力を借りて京都奪回を図ったものの、結局果たせないまま近江国の岳山で病死してしまう。

足利義稙

室町幕府・十代

一四六六年～一五二三年

念願叶い将軍職奪還！

しかし……

北陸から中国へ、そして京へ

十代将軍・足利義材と同一人物。この項では、「流れ公方」と称された彼の後半生――明応の政変で奪われた将軍の地位を放浪の末に取り戻し、そして再び失って失意のうちに亡くなるまでを紹介する。

将軍の地位を失いながらもどうにか囚われの身から脱出した彼は北陸に奔《はし》った。この地を拠点に、上洛と復権に向けた活動を開始するのである。彼は畠山氏との関係が深かったこともあり、能登守護・畠山義統《よしむね》や加賀守護・富樫政親といった北陸の諸将たちがこれに応じた。こうして上洛の準備を整えた義材は、一四九八年（明応七）に越中を出発。越前の朝倉氏のもとへ赴いた。名前を義尹に改めたのは、この頃だとされる。

また、かつて義尹とともに戦った畠山政長の息子・尚順《ひさのぶ》が、共同戦線を張らないかと話を持ちかけてくる。憎き仇・細川政元を挟み撃ちにしようということだった。義尹はこれに乗り、翌年越前を発ち敦賀を経て近江の坂本に陣を構えた。

しかし政元が出陣させた大軍に敗北して河内に逃れ、その後周防の大内義興を頼って山口に下った。義尹はここに八年間とどまり、西国の諸氏に対して上洛運動を行った。義興はそんな義尹に積極的に協力し、九州の諸大名に協力を呼びかけるなどの行動を起こしている。

内乱の隙を突き、返り咲く

そうこうするうちに、再び義尹に上洛のチャンスが巡ってきた。きっかけとなったのは、細川家の内乱だ。義尹を将軍から追い落として幕府の実権を掌握した政元には、実子がいなかった。そこで、前関白である九条政基の子・澄之《すみゆき》を養子にとった。ところが、実際に家督を相続させる際、政元は「澄之は細川氏とは繋がりがない」として、新たに阿波の細川成之の孫・六郎を養子に迎え、澄元と改名させて彼を跡継ぎにしたのである。

先述したように政元は奇行の多い人物だったが、さすがにこれはまずかった。こんなことをしたら澄之と澄元が友好的な関係になれるはずもないし、なにより細川家臣たちが二人の下について争い始めるに決まっている。実際、細川氏を二分する内紛が勃発し、その過程で政元は家臣によって殺害されてしまった。

政元が死んだ結果、中央では再び義尹を擁立する気運が高まった。これこそが義尹にとって千載一遇の大チャンスである。義興の兵力を頼みに、上洛を開始する。幕府はあわてて和睦を結ぼうとしたが、その役を任された細川高国が義尹に寝返ると、もう取れる手段はなくなってしまった。

こうして義澄を京都から追いやった義尹は、再び征夷大将軍の座に返り咲いた。一生のうちに二度も将軍に就任したのは、義尹が初めてである。義尹は再就任にあたって後援者となった義興を管領代に、そして入京に際して大きな力となった高国を管領とし、新たな政治を始めた。ちなみに戦国時代、軍勢を率いて上洛し、将軍を擁立することに成功したのは、このときの義興と、のちの織田信長のふたりきりだ。

結局は京から追われ……

しかし一五〇九年（永正六）、京都を追われた前将軍・義澄が、義尹を暗殺しようと刺客を送り込んできたのである。寝所を襲われたのにもかかわらず、義尹は奮闘の末に四人の刺客を切り倒し、どうにか命を拾った。

暗殺計画が失敗に終わったため、義澄は次に細川氏の援助を得て京都に進撃した。これを受けて、義尹は義興や高国らとともに一時的に丹波に逃れたが、義興と高国は義尹を高雄尾崎坊に逃がすとすぐに反撃に転じる。細川軍は船岡山に陣取り、そこで義興・高国軍を迎撃したが、兵の数で細川軍が劣勢だった。さらに義澄は途中で病死しており、戦いは細川氏の完敗に終わる。

こうして安泰かと思われた義尹の政権だったが、実は別の問題があった。義興と高国の両名は、以前から義尹の将軍再就任に尽力した者として専横を極めていた。しかもこの船岡山の戦いでの功績により義興が従三位に叙せられると、その勢いは増した。これを不満に思った義尹は、隠退を表明して近江の甲賀に出奔した。

義興と高国があわてて義尹に誠意を示したため、一度は帰京する。この頃、名を義稙《よしたね》と改めた。だが義興が領国平定などの理由で山口に戻り、さらに義澄の側近であった細川澄元も没すると、高国の専横はいっそうひどくなってしまう。嫌気が差した義稙は再び出奔し、今度こそ将軍職を解任となった。

阿波にて没したのはその二年後——放浪の生涯を送った将軍の、無念の死であった。

足利義晴
室町幕府・十二代
一五一一年〜一五五〇年

各地を転々とした、名ばかり将軍

都合よく呼び戻された将軍

十一代将軍である足利義澄の子で、幼名は亀王丸。

義晴が生まれたのは、義澄が京都を追われて近江久里備前守の屋敷に滞在していたときのことだ。母親は、この屋敷で義澄の世話をしていた身分の低い女性だと考えられている。

生まれて間もなく、義晴は危険を避けるために父と別れて播磨守護の赤松氏のもとへ預けられることとなった。義晴を播磨に送り出した後、義澄は病没してしまうので、これが今生の別れとなった。

義晴は逃げ込んだ先の播磨で養育されることになるが、そこも決して安全とは言えなかった。守護代の浦上氏が勢力を伸ばし、播磨守護である赤松義村を居城・白旗城から追い出したのである。このとき義晴は九歳であり、義村につれられて衣笠氏のもとへ逃れたという。

そのころ京都では、大内義興が領国へ戻り、将軍・足利義稙が阿波に出奔したため、管領である細川高国が政権を握っていた。そして、空席となった将軍の座を埋めるため、高国が目をつけたのが義晴であった。高国が浦上氏に「義晴を上洛させてほしい」と頼み、浦上氏が養育者である義村から義晴を奪いとる形で上洛させることになった。

京と近江を行ったり来たり

こうして入京した義晴は、亀王丸から名を改め、十一歳で将軍に就任した。高国は義晴のために、新居となる柳原邸の造営を許可するなど厚遇したが、将軍家の家宝である御小袖が義晴に与えられたのは就任から三年も経った後のことであり、このあたりに将軍の権威の低下を窺うことができる。

そんな義晴の苦難が始まるのは一五二六年（大永六）のことである。始まりは、細川家臣の細川尹賢《ただかた》と香西元盛《こうざいもともり》が争い、ついには元盛が謀殺されるという事件だった。これは尹賢が、高国に寵愛されていた元盛のことを気に入らなかったというのが原因だったらしい。そのため尹賢は元盛の右筆を買収し、元盛に謀反の疑いがあるという偽の文書をつくらせ、これを高国に報告したのだ。結果、高国は尹賢の訴えを事実だと思い込み、元盛を殺害してしまう。

これを知った元盛の兄弟はそれぞれ城にこもり、高国に敵対する姿勢をとった。幕府は諸勢力に出陣を要請し、兄の波多野稙通《たねみち》がこもる八上城と、弟の柳本賢治《かたはる》がこもる神尾城を攻めた。しかし夜襲をかけられたり内通者が出るなどして、幕府軍はあえなく敗退。加えて、これに乗じた三好氏などの四国勢力が京都に迫ってきたため、義晴は高国らとともに近江に一時避難することとなった。

一方、京都に進出しつつあった四国衆は、義晴の異母兄弟にあたる足利義維《よしつな》を擁立して高国に対抗しようと企んでいた。これを知った義晴は五、六万人の軍勢をつれて近江国の坂本に布陣し、義維の軍勢と合戦を繰り広げる。一旦は和睦の兆しも見えたが、抗戦派の主張により成らず、結局敗れてしまった義晴勢は朽木に逃れることとなった。

細川氏の勢力争いの道具に過ぎず

その後も義晴と高国らは、京都奪回を目指して各地を転々とすることになった。特に高国は、柳本賢治のもとに刺客を送り込んで暗殺したり、先の戦いで抗戦派だった細川晴元の諸城を浦上氏とともに攻め落とすなど、義晴の京都奪還のために尽力する。

しかし一五三一年(享禄四)、天王寺合戦で晴元に敗北した高国は、自害に追い込まれてしまった。

一五三四年(天文三)には、義晴は晴元と和睦を結び、上洛することができた。これは結局のところ、畿内で繰り返されていた争いの主役は高国と晴元というふたりの細川氏の人間による主導権争いであって、義晴はその主要人物ではなかった、ということを意味している。

しかも、実のところ畿内の勢力争いは未だ続いており、情勢は不安定だった。そのため義晴は、諸勢力の間を渡り歩きながら、京都と近江の行き帰りを繰り返すこととなる。このような流浪の人生だったことから、義晴には将軍としての実権はほとんど備わっていなかったようだ。

一五四六年(天文十五)には息子の義輝に将軍職を譲り渡したものの、三年後には三好長慶に京都を追われ、父子ともども近江に逃れた。義晴はそのまま二度と京都の土を踏むことはなく、一五五〇年(天文十九)にこの世を去った。その死の間際、京都に鞠のような光の玉が現れ、西方に飛んでいったという逸話がある。

足利義輝

室町幕府・十三代
一五三六年〜一五六五年

非業の死を遂げた剣豪将軍

京と近江を往復した前半生

十二代将軍・足利義晴の子。幼名は菊幢丸《きくどうまる》、初名は義藤。

義輝が将軍に就任したのは一五四六年（天文十五）、十一歳の時だ。義晴が近江に逃亡中だったため、義輝の元服式と将軍就任も近江で行われた。このころの名は義藤。

その後、細川晴元と六角定頼に擁立されて上洛するが、将軍に就任して三年目には京都を追われることになる。彼と父が、晴元に敵対する細川氏綱や河内衆の遊佐氏一党らと手を組んだことが原因だ。

その翌年、晴元が河内衆らを破ったと聞くと和睦を結んで一度は帰京。しかし、晴元の家臣でこのころ躍進を続ける三好長慶と敵対することになったため、今度は晴元とともに再び近江へ逃れた。このように、義輝の前半生は畿内の諸勢力に翻弄されながら京と周辺を行ったり来たりする流浪の日々だった。これは父・義晴のものと重なる。

それでも、義輝はこの数代続いてきた周囲に翻弄されるだけのか弱い将軍ではなかった。追い詰められて逃亡せざるを得なくなった際、それでも「兵と一緒に死に、戦いによって戦功をあげ、後世に名を残したい。運は天にこそあるものだ。ここは退くべきではない」と宣言したというから、世が世であれば勇武の将として諸大名に号令できる器といえたのだろうが——残念ながら、この時代の将軍は地に落ちた権威に過ぎなかった。

そんな義輝がようやく京都に身を落ち着けることができたのは、一五五八年（永禄元）の勝軍山城の攻防戦ののち、長慶と和睦してからのことである。この戦いでは、義輝が勝軍山城に入り持久戦の策をとりながら三好軍と対峙した。しかし長慶が四国勢に援軍を求めたこともあり義輝方は勝機を失い、和平交渉が進められることとなった。和睦成立以降、義輝は将軍の権威を回復するために政治的手腕を発揮していくことになる。

義輝が京を留守にしている間、長慶はここに「三好政権」ともいうべきものを築いていた。彼は将軍と対立するという立場にありながらも、本城を京都ではなく摂津の越水城や芥川城に置くというスタイルで、東播磨や丹波などを押さえて畿内を制圧した。義輝・晴元が長慶との和睦を結んだことによって、長慶の権威は一層強いものになる。それは同時に、将軍である義輝の権威が一層弱体化することを意味していた。

将軍権威復活に奔走した後半生

京に落ち着いた後の義輝の後半生は、将軍権威復活のために費やされた。そのために彼が手をつけたのは、まず全国の諸大名と交流を深めることだった。

一五五九年（永禄二）に尾張の織田信長に謁見を許し、同じく謁見してきた越後の長尾景虎（のちの上杉謙信）には贈り物として鉄砲を与えた。豊後の大友義鎮《よししげ》（宗麟《そうりん》）を筑前・豊後の守護に、安芸の毛利元就を同国の守護にそれぞれ任命し、距離を近づけた。この中でも特に義鎮は、その名前の一字を義輝から拝領しており、それに対し深い感謝を示して謝礼を贈っている。

そのほか、長尾景虎と武田信玄や、毛利元就と大友義鎮など、抗争していた大名同士の関係に積極的な介入を行い、数多くの講和を成立させてもいる。このような優れた政治的手腕で将軍権威を回復させていった義輝は、「天下を治むべき器用あり」（『穴太記』）と評価されるまでになった。

そんな義輝の上に垂れ込める暗雲となったのが、長慶の腹心として活躍した松永久秀だった。彼は一五六四年（永禄七）に長慶が亡くなると一気に頭角を現し、三好氏の重鎮である三好三人衆（三好政康・三好長逸《ながやす》・岩成友通《ともみち》）とも手を組んで幕府の実権を掌握した。そして、彼らにとって義輝は邪魔な存在になってしまったのである。

一五六五年（永禄八）、五月十九日の夜に事件は起きた。二条にある義輝の御所を取り囲んだ松永軍が、一斉に攻撃を開始する。多勢に無勢ではあったが、義輝はおとなしく殺されはしなかった。彼は「剣聖」と謳われた上泉秀綱に新陰流を、また塚原卜伝《ぼくでん》からは新当流を学んだ当代一流の剣豪であり、その死に様の奮戦は伝説的なものとなった。

義輝は刀を何本も畳に刺したうえで乱入者を待ち構えた。刀は鋭利なだけに刃こぼれや血、脂などですぐに切れ味が鈍るというから、それの対応策だったのだろうか。傍らの刀を次々と取り替えながら、襲い来る敵を片っ端から斬ったとされる。

だが、どれほどの剣豪であっても、軍勢のすべてを切り倒すことなどできはしない。その戦いぶりに近づくことができないと判断した松永軍の一人が、戸の脇から槍で義輝の足元をすくい、彼が体勢を崩したところに何枚もの障子をかぶせた。こうして身動きの取れなくなった義輝は、槍で突かれて命を落とすのだった。死に臨んで、義輝は「五月雨は露か涙かほととぎす　わが名をとげん雲の上まで」という辞世の句を残している。

足利義栄

室町幕府・十四代
一五三八年〜一五六八年

一度も京へ入れなかった将軍

擁立直後から内紛に巻き込まれる

義栄《よしひで》は十一代将軍・足利義澄の孫にあたる。初名は義親。

父は義澄の次男・足利義冬（義維《よしつな》）で、足利義輝とは従兄弟の関係である。父がその養父・義稙とその妻・清雲院の不仲にいたたまれなくなり、京都を出ていたため、阿波の平野島荘で生まれたとされる。

この義冬という人も苦難の生涯を送った人で、十二代将軍・足利義晴の対抗馬として擁立されて激しく争った末、結局は阿波・平島に落ち着き、「平島公方」と呼ばれるようになった。

一五六五年（永禄八）、畿内を制圧していた三好政権を主導していた松永久秀と三好三人衆（三好政康・三好長逸・岩成友通）が時の将軍・義輝を殺害したのはすでに紹介したとおり。彼らが新たな将軍候補として目をつけたのが、義栄だったのである（このときは義親）。

ところが、まもなく彼らは内紛を始める。原因になったのは、彼らのスタンスの違いだった。あくまで「三好一族」として政権運営をしたいと考え、三好長慶の養子・義継を擁立する三人衆に対し、久秀の価値観は完全な「下剋上」だった。

力によって、もともとの主家である三好氏を自分の支配下に治めようとしているのだから、名前だけであっても三好氏の主君を擁立する気など彼にはなかった。これでは、義輝打倒のように共通の目標があるときならともかく、その後の政権運営では仲良くできるはずもない。

戦国時代に入ってからの足利将軍ほとんど全員と同じように、義栄もまた、このように有力武将たちの思惑に振り回される御輿に過ぎず、自らの意思によって天下を動かすような力は得られなかった。

京に入れないままの将軍就任

このような情勢の中で、三好三人衆はまだ将軍になっていない義栄に久秀追討の命を出させた。これによって久秀と三好三人衆の関係は完全に決裂した。

一方の義親は、阿波の篠原長房に連れられる形で、義輝暗殺の翌年には淡路まで進んでいた。さらに長房が摂津の越水城など、松永方の諸城を落とすと、彼を越水城に入らせる。名前を義栄と改めたのはこの摂津でのことである。

そんな中、義栄にライバルが現れる。義輝討死に際して幽閉されていた彼の弟・一乗院覚慶が元服して足利義昭を名乗り、将軍の座を狙ってきたのである。しかし、久秀と三好三人衆が河内や大和など畿内の各地で争ったため、義栄はなかなか身動きがとれないままでいた。

三好三人衆の軍勢が立てこもっていた東大寺大仏殿に対して松永軍が攻撃を仕掛け、それによって大仏殿が炎上してしまったのも、これらの争いの中での出来事である。結果、松永久秀という人は主家である三好家を下剋上で乗っ取ったどころか、将軍まで殺し、そのうえ大仏殿まで焼いて、とこの時代のタブーを片っ端から犯したことによって伝説的な悪名を獲得することになったのである。

ともあれ一五六八年（永禄十一）、義栄はまだ摂津にとどまっていたが、三人衆の後押しを受ける形で、ようやく十四代将軍に就任する。

ついに京へ入れず……

一方、越前でそれを聞いた義昭は、義栄が未だ入京できないでいるのをいいことに、上洛の準備を始めた。こうして、その年のうちに義昭は尾張の織田信長に擁立され、義栄よりも先に入京を果たしてしまう。

義昭を奉じた信長の軍が上洛したと聞き、摂津の義栄は三好三人衆ほか篠原長房や畿内の諸将に援軍を求め、織田軍との対決に備えた。

しかしこのとき、義栄は背中に腫れ物を患っていた。そして治療の甲斐もなく、結局将軍でありながら一度も入京できないままにこの世を去ったとされる。

なお、死の原因と場所、日付についてはいくつかの説がある。

他の説を見てみると、『陰徳太平記』では心労により腫れ物を患って死去したとされ、死因こそ同じものの、日付が信長と義昭の上洛以前になっているのだ。また『平嶋記』によると、富田の普門寺で病気にかかったため、長房に勧められるまま阿波に戻って養生したが、回復の兆しなくそのまま死去したとされる。他にも、久秀に毒を盛られたため、などとする説もある。

足利義昭

室町幕府・十五代

一五三七年～一五九七年

信長に縛られた、最後の将軍

上洛を目指し、各地を転々

法名は覚慶、初名は義秋。十二代将軍・足利義晴の次男で、十三代将軍・義輝の弟にあたる。もともと、義昭は将軍の息子ではあるが、次男だけにその後を継ぐ予定はなく、幼いころから仏門に入れられていた。本来なら、そのまま僧侶・覚慶として一生を過ごすはずだったのである。

しかし、松永久秀と三好三人衆によって兄・義輝が暗殺されたことで、彼の運命は大きく動き出す。そこで義昭ともうひとりの弟も捕らえられてしまう。他勢力によって旗印として活用されるのを恐れたのだろうか。結局、弟はそのまま殺害されてしまう。

だが、義昭は細川藤孝など兄の家臣たちの助けを受け、幽閉されてから二ヶ月後に見事脱出に成功した。近江の武将・和田惟政《これまさ》の館に入ると、無力化していた幕府を立て直すことを宣言。僧のままでは将軍にはなれないため、翌年還俗して名を「義秋」と改めた。

義昭はまず近江を拠点に、この地の有力武家である六角氏を味方につけて上洛を目指していたのだが、三好三人衆の攻撃を受け、また六角氏内部にも義昭に敵対する勢力がいたことがわかったため、近江を出ることになった。ここから、上洛を目指しての義昭の放浪の日々が始まる。

最初は親族の縁を頼って若狭の武田氏のもとへ身を寄せた。しかし、この武田氏も内紛を抱えていたので義昭の手助けをするどころではなく、頼れなかった。

次に頼ったのが、越前の名族・朝倉義景《よしかげ》だった。彼は義昭を領内に迎え入れてはくれたものの、「上洛のために出兵してくれ」という義昭の説得にはなかなか応じなかった。そうこうするうちに義輝の討死から三年が過ぎ、一五六八年（永禄十一）を迎えた。この年の四月、義秋は朝倉氏の一乗谷城にて元服し、名を義昭と改める。

信長との蜜月はわずかな期間だけ

織田信長が義昭にコンタクトをとってきたのは、その年の七月である。信長は前年に美濃を平定し、次は上洛に踏み出そうとしていた。そこで、「義昭を将軍にする」という大義名分を立てようとしたわけだ。

一向に動く気配を見せない義景に焦っていた義昭は、この信長の申し出に飛びつく。かくして、信長&義昭の上洛戦が始まる。途中、三好三人衆と組んだ近江の六角氏が立ちはだかったものの撃退し、ついに京へ入る。この上洛の途中、十四代将軍・義栄が病死していたこともあって、義昭にとって兄の仇である久秀もあっさり降伏している。

入京の翌月、義昭は征夷大将軍に任じられた。義昭は信長に感謝の意を示して彼を管領にしようとしたものの、信長はそれを固辞。幕府の再興と畿内の平定という目的は果たしたということで、美濃へと戻っていった。

将軍になった義昭は、安芸の毛利元就と豊後の大友宗麟の講和を進め、両者に三好氏の本拠を攻めさせるなど、政治的な動きを活発に見せるようになる。兄の遺志を継いで、将軍の政治的権威を回復させようという意図があったのだろう。

しかし、これらの行動は信長に咎められ、「殿中の掟」という規則を定められることとなった。「殿中の掟」は九条からなり、義昭の政治的な行動を束縛するものであった。

上洛という同じ目的において協力しあった二人だったが、この頃からその関係に亀裂が入り始める。一度は信長が和解を申し出て、義昭もそれに同意した。しかしその際に用いられた条文は義昭から完全に政権を取り上げるという内容のものであり、本心から納得はしていなかったろう。

信長包囲網にかけた執念

和解から二年後の一五七二年（元亀三）にもなれば、義昭は再び信長に対して強い反感を抱くようになっていた。義昭は甲斐の武田信玄や、石山本願寺の顕如《けんにょ》をはじめとする諸勢力に「反信長」で結集するよう呼びかけた。いわゆる「信長包囲網」である。

一方の信長も、義昭の動きを見ていよいよ本格的に敵対する時が来たと判断し、義昭に十七ヶ条からなる諫言《かんげん》書を提出した。これは味方と敵の両方に、義昭が間違っていること、自分が正しいことを宣伝するための行動だと思われる。

一五七三年（天正元）、ついに義昭は兵を挙げた。同時期に各地で一向一揆も起こり、情勢は大いに混乱した。これに対し、信長は使者を送り、義昭との和議を申し入れる。しかし義昭はこれをすんなりとは受け入れず、使者が到着してから五日が経過しても和議は一向に進む様子がなかった。そのために信長の使者が「和議を受け入れなければ京都を焼き払う」との脅しをかけるほどだった。

やがて一ヶ月が経ち、ついに信長が直接京まで足を運んだ。信長は義昭に、頭を剃り武器を捨てて謁見するとまで申し入れたが、これも聞き入れられず、ついに脅しを実行に移した。京都の町を一部焼き払ったのである。これにはさすがに義昭も動かないわけにはいかなかった。すぐに使者として侍女を送り込んだが受け入れられず、ついに朝廷の勅使が間に入る形で講和がなった。講和から三ヶ月後、早くも義昭は再出兵した。信玄や義景らに手紙を送り、義昭が京都の槇島城に入って立てこもると、信長も早速兵を挙げて槇島城を攻めた。そして義昭の挙兵から十七日後、早くも本城が危うくなったため、義昭は二歳になる息子を人質として差し出すことで、信長に降伏したのである。

信長に敗れた義昭は、ついに京から追放されてしまった。この後に新たな将軍が任命されることはなかったため、一般に義昭が京を追われたこの時点をもって室町幕府は滅亡した、と考えられる。鎌倉幕府や江戸幕府のような動乱の末の滅亡ではない、ある意味あっさりとした消滅であった。

義昭自身は西へ向かい、毛利輝元の庇護を受けた。毛利氏は信長との勢力争いが加熱してきたこともあってこの義昭の要請に応え、そこに上杉氏や本願寺なども加わって、新たな信長包囲網が展開された。今度こそ信長を追い詰めるかと思われたが、一五七八年（天正六）になって、京都への進軍の準備を行っていた上杉謙信が病死してしまう。これにより包囲網は崩れ、二年後には本願寺も信長と和睦を結んだ。義昭の無念はいかばかりであったろうか。

最後まで誇りは消えず？

一五八二年（天正十）、その信長が本能寺の変で倒れた。信長の訃報を聞いた義昭は、早速帰京のために出兵するよう、毛利輝元や小早川隆景《たかかげ》らに命じた。さらに信長の後を継いだ羽柴秀吉にも働きかけて帰京の支援を求めたが、彼と信長後継者の地位を争った柴田勝家に義昭が味方したため、結果的に秀吉は敵に回ることとなってしまう。

やがて秀吉は義昭を京都に呼び寄せた。義昭の猶子となり、征夷大将軍の座につくのが目的だったと思われる。義昭がこれを認めなかったために、秀吉の将軍就任は実現しなかったが、一五八八年（天正十六）には義昭は帰京しており、出家して昌山と号した。この頃にはすでに、義昭と秀吉の間に敵対心のようなものはなかったようで、一五九二年（文禄元）の文禄の役にも、出家した身でありながらも従軍している。

一五九七年（慶長二）、彼は腫れ物を患い、それが原因で死去した。

第六章　徳川将軍――江戸時代

応仁の乱と明応の政変によって室町幕府・足利将軍の権威が地に落ちると、全国各地で小競り合いが多発するようになった。その主役となったのが、戦国大名たちである。

彼らは必ずしも天下取りを望んでいたわけではなかった——自らの領地を守り、また傘下の武士たちをつなぎとめ、あわよくば領域を拡大するために戦うのが基本的な姿だったのだ。中には大内義興のように「将軍を擁して上洛し、天下に号令する」くらいのことを考えていたものもいたが、結局それは室町幕府の仕組みの中のことであり、それに成功するものはいなかった。そして、新たな枠組みを作ろうとするものも長らく現れなかった。

しかし、長い動乱もやがて終わる時がくる。尾張の大名・織田信長が上洛して天下の半ばを制圧し、彼が家臣の謀反で倒れた後は豊臣秀吉が受け継ぎ、全国の諸大名を支配下に治めて天下統一を達成する。秀吉の死後、彼の作り上げた豊臣政権は内部の不和が主な原因になって崩壊するが、信長の同盟者であり豊臣政権でも最大の大名であった徳川家康が新たな天下人となる。

二百数十年の歴史を刻んだ江戸幕府

家康は征夷大将軍となって江戸幕府を創設し、秀吉が遺した豊臣家を滅ぼして、以後二百数十年にわたって武士による大規模な合戦のない太平の世を作り上げる。戦国時代の終わりであり、江戸時代の到来であった。

江戸幕府は徳川宗家出身の将軍を頂点とし、全国の大名たちをその下に従えるシステムをとった。また、これとは別に直属の家臣団である旗本・御家人がいる。幕府は全国の大名たちにかなり高度な自治を認める代わりに、強大な軍事力や各種の大名統制手段で彼らが謀反に踏み切らないよう、時代が戦国に逆戻りしないよう、縛った。一年交代で国許と江戸を往復しなければいけない「参勤交代」や、幕府の命で城など大規模土木工事をしなければいけない「御手伝普請」などはその代表格といえる（このあたり、拙著『外様大名40家「負け組」の処世術』〈幻冬舎新書〉なども参照いただければ幸いである）。

幕政を取り仕切るのは、天下統一以前から徳川家臣だった譜代の大名や旗本・御家人が主で、彼らが幕府の重要ポストを独占した。天下統一以後に徳川支配下に入った大名たちは外様大名と呼ばれ、長く幕政にかかわることを許されなかった。これもまた、大名統制のひとつの手段といっていいかもしれない。

巨大な官僚制度というべき江戸幕府体制は長く平和を維持させたが、やがて経済の成長に代表される社会システムの変化や諸外国による外圧、体制そのものの疲弊によって崩壊していく。

これが幕末の動乱であり、時代は明治維新へと移り変わっていく。そうして、徳川将軍もまた歴史の表舞台から退場し、長かった征夷大将軍と武家政権の歴史に終止符が打たれるのである。

松平氏から徳川氏へ

徳川氏はもともとの名を松平氏といい、もとは三河の国人である。

『徳川家譜』によれば、血筋のルーツとして源義家があり、その末裔の新田義季《よしすえ》が「得川四郎」を名乗ったことを始まりとする。この得川四郎が各地を放浪し、その子が松平の地に住み着いて松平氏を名乗るようになった——というのが筋書きなのだが、これは家康によるる創作であろう、と考えられている。この時代、政治的な事情から経歴を創作・詐称するのは決して珍しいことではなかった。

ともあれ、三河の小勢力から出発した松平氏は、一度は三河を席巻するほどに勢力を拡大するも、当主が家臣に殺害されるなどして衰退。しかし家康の代に盛り返し、その宗家が徳川氏を名乗るようになり、ついには天下人にまでなった。家康には数多くの子がいたが、そのうち長男・信康は同盟者である織田信長との軋轢《あつれき》の末に殺され、次男・秀康は豊臣氏および結城氏に養子に出されたので家督を継ぐ資格を持たなかった。結果、三男・秀忠が家督を継承して二代将軍となり、以後この血筋が徳川宗家として代々の将軍職を継承していくことになる。

また、家康の子のうち年少の三人——すなわち、九男の義直（尾張藩）、十男の頼宣（紀伊藩）、十一男の頼房（水戸藩）はそれぞれ大大名として立てられ、特別な権威を与えられた。彼らは徳川（松平）一族である親藩大名の中でも特に別格の存在として「御三家」と呼ばれた。

御三家はときに幕政へ介入するようなこともあり、また宗家が途絶えた際にはこの中から新たな将軍が選ばれたのである。

この御三家に準じる存在として江戸時代半ばに立てられたのが、八代将軍・徳川吉宗のふたりの子（田安・一橋家）と九代将軍・家重の子（清水家）の「御三卿《ごさんきょう》」である。彼らは独立した藩というよりも将軍の身内という扱いで、江戸城内に屋敷を与えられ、領地も明確ではなかった。

家臣には幕臣からの出向者が多く、家臣構成からみても特殊な存在であった。

徳川家康

江戸幕府・初代
一五四二年〜一六一六年

戦国時代を終わらせた
偉大なる将軍

幼名は竹千代。元服してからは松平元信、松平元康、そして徳川家康と名を改める。

「織田がつき、羽柴がこねし天下餅、すわって食ふは徳川家康」あるいは「鳴かぬなら鳴くまで待たう時鳥《ほととぎす》」——これらの、あまりにも有名な句が当時本当に巷間囁かれていたかはともかく、そこに示されているように辛抱強く情勢の変化を待ち続け、ついに何もかもを手に入れた男、というイメージが家康にはある。彼は織田信長や豊臣秀吉よりも長生きし、慎重に、辛抱強く動いた。彼の作り上げた天下が長続きしたのもそれゆえであろう。

このような無骨なイメージの一方、実のところ彼は大変な教養人でもあった。漢詩や連歌は嫌ったというが、茶の湯、香道、囲碁、立花などは好んだようだ。さらに学問には深い興味を示した。その対象は政治・兵法・儒学といったところで、『源氏物語』も物語としてではなく文学として学んだ形跡がある。家康が好んだ学問として特に有名なのは薬学で、医者を嫌って自ら薬を調合し、それによって何度か命を拾ったこともよく知られている。また、海外についての知識も持っていたという。

もちろん、戦国を生きた武士として武術にも熱心で、馬術、弓術、砲術、水泳などを身に付けた。特に剣術については幾人かの優れた剣術家より技を学んでおり、名高い柳生新陰流もその中のひとつだ。家康は多芸多才の人でもあったのである。

苦難の幼少期——人質として

家康は三河の国人・松平広忠の嫡男として生まれた。しかし、彼が生まれたころ、松平氏は窮地にあった。祖父・松平清康の代には三河一国を席巻するほどに勢力を拡大したものの、家臣によって彼が殺害されると、一気に衰退。広忠のころには駿河国の名門・今川義元と尾張国の新興勢力・織田信秀（信長の父）との両勢力に挟まれた弱小勢力として、今川氏の支配下に収まることでどうにか存続しているに過ぎなかったのである。

松平氏をめぐる複雑な状況を受け、家康の幼少期は人質生活と同義だった。六歳のときに今川氏の人質になることが決まり、移送される最中に身柄を奪われ、織田方の人質とされた（この時期、信長との接触があったのでは、という見方もある）。

一五四九年（天文十八）、父が家臣によって殺害されると、今川・織田の人質交換によって改めて今川方の人質になった。今川氏としては、改めて松平への支配力を強化する必要があったのだろう。家康が一五五五年（弘治元）に元服した際、義元から一字を与えられて元信を名乗り（まもなく元康と改名）、二年後には今川一族の娘である築山殿を正室として迎えているのも、このような支配力強化政策を受けてのものだ。またこの時期、家康は名軍師として名高い太原雪斎《たいげんせっさい》の薫陶を受け、後の躍進への土台を作った、という。

今川家臣団における若手武将として働いていた家康の運命が大きく変わるのは、一五六〇年（永禄三）のことだ。この年、義元は長らく争ってきた織田氏に大打撃を与えるべく、二万を超える未曾有の大軍を率いて尾張へ出陣、家康も参加した。一般にこのときの義元の目的は上洛と信じられていたが、近年では領土争いの延長であったと理解されている。

誰もが予想しなかったことだが、この戦いの勝者は織田氏であり、その若き当主・信長だった。彼の乾坤一擲《けんこんいってき》の突撃によって義元は討ち死にし、以後今川氏は急速に衰退していくことになる——それは、家康にとっては独立の大チャンスに他ならなかった。二年後には信長と和睦して「清洲《きよす》同盟」を結び、今川氏と断絶。この際、「元」の一字を捨てて家康と改名する。徳川を名乗ったのはさらに四年後だが、これは松平一族の中で自らの優位性を確保したかったから、と考えられている。

「信長の同盟者」として

以後、家康は織田信長の忠実な同盟者として、また西へ西へと進出していく織田氏にとっての「東の盾」ともいうべき存在として、自らの勢力をも伸張させていくことになる。一五六四年（永禄七）には三河全体を支配下に置くことに成功しているし、一五六九年（永禄十二）には甲斐の武田信玄と協力してかつての主家・今川氏を攻め滅ぼし、隣国の遠江を制圧した。一五七五年（天正三）の長篠の戦いで信長とともに武田軍を打ち破ったように、織田氏の戦いにもたびたび参加しているし、一五八二年（天正十）に武田氏を攻め滅ぼすにあたっても大きな働きをし、駿河国を得た。

もちろん、その中ではたびたび苦難があり、滅亡の危機もあった。一五六三年（永禄六）には三河で大規模な一向一揆が勃発し、この際には松平家臣団の半数が信仰上の理由から一揆側として挙兵したので、大変に苦労することになった。

一五七二年（元亀三）、武田軍がいわゆる「信長包囲網」の一員として攻勢に出た際には、信長の同盟者としてその攻撃の矢面に立たされ、三方ヶ原《みかたがはら》の戦いで散々に打ち破られてしまう。このとき、家康は明らかに劣勢でありながら無理に出陣して敗北してしまい、命からがら逃げ延びた際にその屈辱の姿を描かせて自らの戒めにした、という。ただ、家康が出陣した理由については「領内を悠々と進ませては、同盟者である信長への面目も立たず、支配下にある国人たちも離反する可能性があったからだ」と弁護する説があることもまた事実である。

一五七九年（天正七）には、正室の築山殿と嫡男の信康を殺害せざるを得なくなった。これは、信康の妻・徳姫（信長の娘）と築山殿の関係が悪化――実家の今川氏を信長に滅ぼされたのが原因という――し、徳姫がこのことで父親に泣きついたのが原因である。これがただの嫁姑問題ですまなかったのは、徳姫の訴えた内容が「信康と築山殿が敵である武田氏と内通している」と取れる内容だったからだ。信長はこのことを問題視し、また信康の才覚を危険視していたので、家康に命じてふたりを殺させてしまった、というわけだ。

このことからもわかるように、織田政権が急成長したあと、両者の関係は対等の同盟ではなく織田が主・徳川が従、という形に近かったようだ。そのまま信長の天下取りが成就すれば、家康は支配下の一大名に転落したかもしれない。しかし、そうはならなかった。一五八二年（天正十）、信長が京・本能寺で家臣の謀反に倒れたからだ。

耐え忍んだ豊臣政権時代

信長の仇を討ち、崩壊した織田政権を再編成したのは羽柴秀吉（後の豊臣秀吉）だった。この人物は足軽の出ながら才覚に長《た》け、古くからの織田氏重臣である柴田勝家を倒し、信長の息子たちも封じて、一気に勢力を伸ばしていった。

これに対し、家康は武田と織田が相次いで倒れて空白地域になっていた甲斐と信濃（東部・南部）に進出してこの地域を獲得。さらに一五八五年（天正十三）には信長の次男・織田信雄《のぶかつ》を担いで秀吉と対峙した。この「小牧《こまき》・長久手《ながくて》の戦い」は家康有利に進んだが、秀吉が信雄を抱き込んでしまったので大義名分がなくなり、戦いは終わった。

その後、秀吉は自身の妹・朝日姫をわざわざ元の夫と離縁させてまで家康の継室として押し付け、さらには母親の大政所まで人質として送り込む外交工作を仕掛けてくる。結局、家康は秀吉への臣従姿勢をとり、豊臣政権に加わることになった。

一五九〇年（天正十八）に北条氏攻めにも参加、恩賞としてその旧領である伊豆・相模・武蔵・上野・上総・下総の六ヶ国二百五十万石を与えられる。しかし、同時に本来の領地である東海地方は取り上げられ、また新領地は中央から遠い上に経済的に貧しく、以前のようなつながりもなかった。

これは家康を地方に封じて謀反できなくするための秀吉の策略とされ、徳川家臣団の多くも「これで終わりだ」と嘆いたというが、家康はむしろ「新しい体制を築くチャンス」なのだとビジョンを提示して鼓舞した、という。このとき家康が拠点としたのが武蔵国江戸——現在の東京である。

乾坤一擲、天下分け目の関ヶ原

豊臣政権下の家康は豊臣を除いて最大の所領を有する大大名として、また「五大老」の筆頭として大きな発言力を有した。しかしその一方で秀吉が二度にわたって実行し、大きな損害を出した朝鮮出兵には参加せず、力を蓄えていたと考えられる。

一五九八年(慶長三)に秀吉が亡くなり、豊臣政権は彼の子である秀頼を頂点に、諸大名が補佐する形になった。最大の大名である家康の発言力はもちろん絶大なものだった。しかも、家康は秀吉によって禁止されていた「他大名との勝手な婚姻」を行ったため、「五奉行」として豊臣政権を支えた石田三成らと対立するようになった。一方、この三成は厳しい政権運営から加藤清正・福島正則ら豊臣政権内部の武断派とも対立しており、家康は彼らを味方につけて反家康派に対抗していく。

そして一六〇〇年（慶長五）、家康が「謀反の疑いがある」として五大老のひとり・上杉景勝《かげかつ》討伐の兵を挙げると、その隙を突いて三成も同じく五大老の毛利輝元を旗印に挙兵。両軍は美濃国・関ヶ原で激突した。天下分け目の「関ヶ原の戦い」である。

このときは兵力で三成方（西軍）が勝り、兵の配置でも家康方（東軍）を取り囲んで圧倒的に有利と思われた。しかし、実際に戦いが始まると、東軍の背後に陣取った毛利勢は最後まで動かず、横を突くはずだった小早川秀秋の軍勢は味方の西軍に向かって突撃、それで決着がついた。家康はあらかじめ裏切り工作を仕掛けていたのである。

ついに神となった男

戦後、家康は西軍側についた大名を改易《かいえき》・減封《げんぽう》し、東軍側の大名の所領を増やす名目で、諸大名の配置を大きく変更した。これによって親豊臣の大名は数を減らし、あるいは中央の要地から遠隔地へ飛ばされ、実質的に家康が天下を取ったことになる。家康が征夷大将軍の職を得て、江戸幕府を開くのは数年後、一六〇三年（慶長八）のことである。

しかもさらに二年後には、その将軍職を息子・秀忠に与え、自らは隠居地である駿府《すんぷ》へ移り住んでしまう。しかしこれは政治からの引退を示すものではなく、以後も「大御所」として実権を掌握。実質的に二人の将軍が並び立つような形で政治を行った。このように早い時期で代替わりを行ったのは、「もう下剋上の時代ではなく、以後は徳川家が天下人の座を継承する」という宣言だったのでは、と考えられている。

やがて豊臣家も一六一四〜一五年（慶長十九〜元和元）に二度にわたって戦われた「大坂の陣」によって滅亡し、「元和偃武《げんなえんぶ》」の時代がやってくる。「偃武」とは武器を収めるの意味であり、長い戦国時代が終わったことを意味している。

家康はそれを見届けたかのように翌年、亡くなる。「鯛の天ぷらを食べ過ぎたせい」という説が有名だが、実際には胃癌だったようだ。また彼には死後になって「東照大権現」の神号が与えられている。「東照宮」「東照神君《しんくん》」の尊称はこれに由来するものであり、家康は神になった、というわけだ。

移り変わる情勢に翻弄され、長い我慢を続けながら、乾坤一擲の機会においては寝技を駆使して「戦わずして勝つ」。そして長い平和を生み出すシステムを作り上げて死ぬ――その生涯は、ある意味で「理想の日本人」の一つの典型といってもいいかもしれない。

三河武士が支えた天下取り

このように家康が天下取りにまで漕ぎ着けた理由として、彼を支えた家臣団の存在も非常に大きかった。「三河武士」といえば「頑固一徹」の代名詞的存在であるが、彼らは今川氏の実質的な支配下に置かれていた時代からよく家康を支え、その後の動乱期にも多くが主を見捨てなかった。

名のある武将としては酒井忠次、本多忠勝、榊原康政、井伊直政の「徳川四天王」がおり、特に本多忠勝は五十を超える戦いに挑んで一度も手傷を負わなかったという。もちろん、勇猛な武将だけでは天下は取れない。能吏・謀臣として知られる本多正信は三河一向一揆において家康に背き、その後多くのものたちが徳川家に戻ったのに長く放浪を続けた変り種であるが、家康とは深い信頼関係で結ばれ、息子・正純とともに活躍した。

一方、家康も彼らの信頼に応えていたことがよくわかるエピソードが『徳川実紀』にある。豊臣政権時代、諸大名が自慢の煌《きら》びやかな宝物の数々を自慢しあう流れになった際、家康はどんな財宝も示さなかった。自らを「三河の田舎大名」と断った上で、「徳川で一番の宝は、水にも火にも恐れないと誓いを立てている五百人の家臣である」と宣言したのだ。人の上に立つものかくあるべし、だ。

若き日の過ちを堅実さで挽回

徳川秀忠

江戸幕府・二代

一五七九年〜一六三二年

天下分け目の大失態

初陣での大失態や、父・徳川家康が生きていたころは政治の実権を握られていたこと、気丈な妻に頭が上がらなかったとされることなど、少々情けないイメージのある二代目。しかし、この秀忠の時代に諸大名の統制や幕府の機構確立が進み、地味に見られながらも二代目としての役割をしっかり果たした将軍という評価がされている。

秀忠は徳川家康の三男である。にもかかわらず嫡男に選ばれ、将軍にもなったのは、概要の項で紹介したように、長男・信康が亡くなり、次男・秀康が他家へ養子に出ていたからだ。しかし、この地位が大きく揺らいだことがある。一六〇〇年（慶長五）、天下分け目の関ヶ原の戦いのあとのことだ。

秀忠は西軍蜂起のきっかけになった上杉景勝征伐の段階から父に伴われて出陣しており、

いざ石田三成挙兵となると、別働隊を率いて中山道を西へ進むことになった。当然、その最大の役目は西軍との決戦に参加することだったのだが、これが初陣の秀忠は判断を誤った。西軍側についた信濃上田城主真田昌幸・信繁（幸村）親子の挑発に乗って城攻めに狂奔し、あげくに落とせぬまま時間を大きく浪費してしまったのである。これが罠であると気づいたときにはすでに遅く、関ヶ原の戦いに間に合わなかった。

当然、家康は激怒する。先述したように、関ヶ原の戦いで家康の東軍は数的劣勢に立たされたのだが、これは秀忠の率いた三万八千の軍勢が間に合わなかったから、という部分が大きかったのだ。一説には、ただ遅参したことが問題ではなく、「家康が敗れた場合には復讐戦をするためにきちんと軍勢を整えた上でやってこなければならなかったのに、バラバラの軍勢であわててやってくるとは何事だ」というのが激怒の理由だった、とも。

秀忠を救った忠隣の言葉

結局、秀忠はしばらく家康に会うことも許されず、家臣団がとりなしてようやく怒りは解かれた。それでも、家康としては悩んだのだろう。大久保忠隣《ただちか》・本多正信・井伊直政・本多忠勝・平岩親吉《ちかよし》・榊原康政ら重臣を集め、「後継者を誰にしたものか」と聞いた。

能吏・本多正信は次男の秀康を推した。知略と武勇が理由であった。徳川四天王のひとり・井伊直政は四男の忠吉を推した。関ヶ原の戦いで活躍したことを挙げたのだろう。これに対して、大久保忠隣の挙げた名前が秀忠だった。

昔から秀忠に仕えてきた彼は、武勇を理由とするほかの候補者に対して「乱世なら確かに武勇が一番ですが、これからは平和な時代なので、必要なのは文の徳です。秀忠さまは文と武を兼ね備えておられ、かつ孝行の心を持ち人格もすばらしいお方です」と主張した。これが家康の心に響き、秀忠は改めて彼の後継者となった。一六〇五年（慶長十）に征夷大将軍職を譲られ、以後は大御所である父とともに二元政治を行った。

ちなみに、このときに秀忠を助けた大久保忠隣は幕閣における筆頭格まで上り詰めたが、一六一四年（慶長十九）に謀反の疑いをかけられ、改易処分にされている。これは本多正信・正純親子との権力争いの末、その謀略にはめられたものと考えられている。

一方、その正純は一六二二年（元和八）、謀反を企んだ、という理由でやはり改易させられてしまっている。後世の「宇都宮釣天井《つりてんじょう》事件」というのは、この事件に尾ひれがついて「正純が自分の宇都宮城に釣天井を作り、秀忠を圧殺しようとした」物語として創作されたもの。これもまた政略争いの末に罠にはめられたものとされているが、その背景に時の将軍・秀忠の復讐の思いがあったとしても、まったく不思議ではない。

厳格な法の執行者として

秀忠が政治の実権を掌握したのは、一六一六年（元和二）の家康死去後のことだ。一六二三年（元和九）には息子の徳川家光に将軍職を譲っているが、父・家康にならって大御所となり、以後も実権を掌握した。

秀忠の治世における特徴は、法によって厳しい統制を行ったこと、といっていいだろう。武士に対する法である『武家諸法度』および朝廷と公家に対する法である『禁中並公家諸法度』はともに家康時代に制定されたものであるが、秀忠はこれらの法を厳格に適用することによって江戸幕府と将軍の権威を高め、潜在的な敵対勢力の力を弱めた。

たとえば、豊臣恩顧の大名の代表格である福島正則は「無断で城を修築した」として一六一九年（元和五）に改易されているし、弟で越後高田藩の松平忠輝や甥の越前福井藩の松平忠直ら身内であろうとも落ち度があればやはり改易という厳しい処分に処している。

さらに、朝廷という巨大な権威に対しても締め付けを行っている。高位の僧侶や尼の着る「紫衣《しえ》」は本来朝廷から許しが与えられるものだったのが、これを幕府の許可が必要であると定め、それを朝廷側が無視すると実力で僧侶たちから紫衣を取り上げてみせた。これは朝廷が幕府の下にあることを公然と示したものであり、時の後水尾《ごみずのお》天皇は天皇権威の失墜を嘆いて天皇をやめようとしたほどである。その一方、秀忠は自らの娘である和子《まさこ》（東福門院）を後水尾天皇に入内《じゅだい》させており、後水尾天皇の後は和子が生んだ娘が明正《めいしょう》天皇として即位した。これもまた、徳川将軍家の朝廷に対する勝利であった。

この他にも、家光の代に完成する江戸幕府の官僚機構は、秀忠の時代にプロトタイプ（原型）というべきものができていたのである。

やり過ぎなほどに孝行者？

さて、秀忠といえばかつて大久保忠隣が称したように「孝行者」で、また「礼儀正しい律義者」という評判も高かった。『徳川実紀』も幼いときから「仁孝恭謙《じんこうきょうけん》の徳」をもっていて、かつ勝手気ままなことはまったくしなかった、と褒める。「鷹狩りの出発を告げる鐘が鳴ると、食事中でも出かけた」エピソードなどは、秀忠ほど偉い人ならスケジュールを自分に合わせてもいいのに、と感じてしまう。家康とはまた別の意味で、「典型的日本人」というべき人なのである。

この性格で騙《だま》し騙されるのが当たり前の戦国時代を生きたらさぞ大変だったろう。しかし、彼の活躍した時代は、そのような戦国の気風を法と権威によって平伏させていく、天下泰平の時代である。良い時代を生きた、といっていいのだろう。

そんな秀忠が一番頭の上がらなかった相手、それは妻のお江《ごう》であったという。この人は織田信長の妹・お市の方と近江の戦国大名・浅井長政の間に生まれた三姉妹の末妹で、一番上の姉は豊臣秀吉の側室として秀頼を産んだ淀殿である。お江は気の強い女性であったとされ、その怒りを恐れた秀忠はひとりも側室を持たなかった。身分の高い武士なら複数の側室を持つのが当たり前だったこの時代、これは非常に珍しいことだった。

ただ関係を持った女性はいて、子も生まれたのだが、「将軍の子」としての認知はできなかった。これが後の会津藩主・保科正之で、四代将軍・家綱の側近として活躍する。

女性関係では、こんな話もある。あるとき、家康が秀忠のところに美人の女中を一人送り込んだ。口実として菓子は持たせたが、目的はもちろん一夜をともにさせ、慰めることだ。ところが、現れた秀忠はきっちりとした正装で、かつ菓子だけ受け取ると娘はさっさと返した、という。ここまでくると女性嫌いなのか、それとも「家康の送り込んできた女性と関係を持ったら何があるかわからない」と判断したのか。どちらもありそうだ。

徳川家光
江戸幕府・三代
一六〇四年〜一六五一年

江戸幕府を完成させた生来の将軍

「生まれながらの将軍」家光

一六二三年(元和九)、徳川秀忠は自らの次男・家光に将軍職を譲り渡した。新たな将軍となった弱冠二十歳の若者は、広間に居並ぶ諸大名に対して宣言する。

すなわち、「祖父家康と父秀忠は、諸大名の力を借りて天下人となったので、同格の礼で応えてきた。だが、私は生まれながらの将軍であり、お前たち諸大名は家臣である。そのように扱うことに不満があるなら、領地に戻って戦う準備をしろ」——このようなことを言ったわけで、これはもう堂々たる王者の言である。

この年には豊臣家が滅んでから十年弱が経っていた。それ以前から江戸幕府はあり、さらに前には豊臣政権による平和な時代があったわけだから、戦国時代ははるか過去の話だ。今となっては、幕府の権威と武力に対抗できる大名など、数えるほどしかいない。

家光の堂々たる自信に、大名たちは平伏するしかなかった。このとき、真っ先に畏《かしこ》まった大名の名前として奥州の独眼竜・伊達政宗の名前が挙がっている。

——しかし、家光の「生まれながらの将軍」の座がずっと安泰だったわけではない。むしろ、それは危機を乗り越えて維持した地位であった。

家光の危機を救った乳母と祖父

家光は秀忠とお江のあいだに生まれた（江戸時代、正室の子から将軍になったのは彼ひとり）。幼名は竹千代。これ以前に長丸という子がいたが、正室の子ではなく、かつすでに亡くなっていたので、家光こそ実質的な長男であるといっていい。祖父と同じ「竹千代」の幼名を与えられたのも、「生まれながらの将軍」にふさわしい扱いであった。

しかし、弟・国松（後の忠長）が生まれたことで風向きが怪しくなる。お江は利発な弟を愛し、病弱で無口、引っ込み思案の兄にはさほどの愛情を注がなかった。その影響を受け、父・秀忠さえ家光に距離を置くようになった。挙句、「忠長が次期将軍になるのでは」と噂が流れ、また思い悩んだ家光が少年ながら自殺を図る始末だ。

これに対して動いたのが、家光の乳母を務めていたお福（後の春日局）だ。彼女は家康のいる駿府に赴いて直談判を行う。これを受けた家康は江戸城に向かい、秀忠・お江夫婦に「竹千代を三代将軍にするべきだ」と伝え、これで家光の立場は安泰となった、というわけである。この際のエピソードとして、江戸城で二人の孫に対面した家康は家光を上段に座らせ忠長をはるか下に座らせ目に見える形で忠長とは差を付けて扱った。また菓子を渡す際にも家光へは自ら渡したが忠長にはせず、お付きの者に対しても家光側と忠長側への扱いに差を付けさせた、というものが伝わっている。

家康がわざわざ口出しをしてまで年長の家光を立てたのは、泰平の時代においては才覚や両親との関係よりも長幼の序を重視したほうがよい——そうでなければ、ふたりの兄弟それぞれに家臣団がついて内乱ということになりかねない、と考えたのだろう。

骨肉の争いと、祖父への崇拝

残念ながら、家光・忠長の兄弟関係はこれでめでたしめでたし、とはいかなかった。父・秀忠としてはやはり忠長を厚遇したかったようで、駿河五十五万石の大名に封じた。ところが、長じた忠長は多くの問題を起こした。領土経営に熱心だったのはいいのだが、それはむしろ幕府から敵視される原因になった。そのうえ、禁域に住む神獣を殺してしまうなど粗暴な振る舞いが目立ち、また「周囲の者たちを殺害したかと思ったらそれをすっかり忘れている」といった出来事まであったという。そこで、秀忠はとりあえず忠長を幽閉し、どうにか更生させられないか、と考えていたらしい。

――ところが、秀忠が一六三二年（寛永九）に亡くなると、そうもいっていられなくなる。父に遠慮していた家光が、目の上のたんこぶであった弟を一気に排除にかかったのだ。結果、領地を没収されたうえで新たな幽閉場所に移された忠長は、父の死から一年ほどで自殺に追い込まれてしまった。これは親藩大名としては唯一のことである。

天下泰平の時代なのに、いや、むしろ泰平の時代だからこそ、骨肉の争いは残酷な結末を迎えてしまったのだろうか。

このように家族との縁が薄かったゆえか、家光は自分を三代将軍に立ててくれた祖父・家康を深く敬愛した。それはもはや信仰の域に達していたかもしれない。

晩年にはたびたび夢の中で家康を見るようになり、そのとき狩野探幽《かのうたんゆう》に命じて描かせた「夢想の画像」が日光輪王寺に保存されていることや、日光東照宮の造営をさせたことなど、家光が祖父を慕っていたことを示すエピソードは枚挙に遑《いとま》がない。

特にすごいのは、同じく日光輪王寺に保存されている守り袋にまつわるものだ。その中に納められた紙には「生きるも死ぬもすべては大権現様（家康）次第」とか「二世権現、二世将軍」といった言葉が書かれている。前者は家康を完全に神格化しているし、後者は本当の二代将軍である父・秀忠をすっ飛ばして自分を二代目だといっている。幼少期の出来事は、それほど彼に強い衝撃を与えていたのだ。

江戸幕府というシステムを完成させる

将軍として家光はどんな政治を行ったのだろうか。それは家康・秀忠と二代にわたって作り上げられてきた、江戸幕府というシステムを完成させる事業だった。

江戸時代の大名を象徴付ける制度ともいえる参勤交代が制度化されたのは、一六三五年（寛永十二）の武家諸法度大幅改定時のことである。

また、自らが病気がちになると、それまでのように将軍を頂点として何もかもが集中するようなシステムから、譜代の名門大名から選ばれた老中や若年寄といった役職のものたちが合議によって政治を執り行っていくシステムへの転換を図った。さらにこの以前から、宗教関係は寺社奉行に、経理関係は勘定奉行に、と権限と役職の整理を行っている。

キリスト教の禁教は家康時代から進められていた。秀忠の時代にはそれまで活発だった外国貿易政策も転換し、中国以外の外国船は平戸・長崎にだけ来航を許されるようになった。このような対外政策が完成し、ついに一部の例外を除いた外国人の来航禁止と日本人の出国禁止、いわゆる「鎖国体制」にまで発展したのは家光の時代のことだ。その過程では過酷なキリシタン（キリスト教徒）狩りが行われ、一六三七年（寛永十四）には大規模な武力反乱である島原の乱も起きているが、大軍によって鎮圧した。ただ、必ずしもすべてに対して国を閉ざしたわけではなく、清（中国）や朝鮮との外交チャンネルは開いたままだし、ヨーロッパに対しても、オランダ人は長崎の封鎖地域「出島」を通してわずかながら行き来があった。

家光と「大奥」、家光と趣味

家光の時代に作られたものとしてもうひとつ、「大奥」の存在は見逃せない。女性たちの生活空間としての「奥」という概念は以前からあったようなのだが、家光の代に春日局が主導する形で江戸城に大奥が誕生した。ここは将軍夫妻およびその子女、およびそれに仕える女中たちが多数居住する空間であり、外部とはまったく切り離されて、一部例外を除いて男子禁制の空間であった。

このように仰々しく「女の園」が作り上げられた原因は、徳川将軍家の血筋を確実に残すためだった、と考えられている。実は家光は大変な男色趣味で、女性は好まなかったようなのだ。このことを反映するかのように、正室の鷹司孝子《たかこ》はひどく冷遇された。彼女は特別に作られた中の丸へ実質的に隔離され、将軍の正室の称号である「御台所《みだいどころ》」ではなく「中の丸殿」と呼ばれた。彼女自身の性格もよくなかったとはいうが、やはり家光が女性に興味を持たなかったことが大きいのではないか。

このことに対して春日局は大いに気をもんだというから、その延長線上として江戸城内に女性たちを大量に集めた、というのは納得のいく話だ。大奥の存在が功を奏したのか、春日局が必死にさまざまな女性を世話したおかげか（好みに合わせて、美少年風の女性をいろいろと選んだらしい）、家光も女性に目覚めて側室を置くようになり、竹千代（後の四代将軍家綱）や国松（後の五代将軍綱吉）といった子をつくっている。

このように家光が変化するきっかけになった側室のひとりとして、お万の方という女性が知られている。彼女は公家出身の尼僧だったのだが、どこか中性的な、すなわち家光好みの美貌だったらしい。あるいは、尼であったことも、家光の感性を刺激したのだろうか。ともかく、家光はすっかり彼女を気に入ってしまった。お万の方はかなり強引な形で還俗させられ、家光の側室のひとりとなったのである。

派手好きだが武術も好き

最後に、家光の趣味嗜好の話をしよう。

家光は若いころから結構な派手好きだったという。化粧をして華やかな格好(これは女装で、彼の男色趣味とも深く結びついている)で踊るのを大変好んだ。このことを憂慮して諫《いさ》めた重臣を蟄居させてしまった、という話まである。

一方で将軍の身でありながらふらりと外出するのが好きで、落語で有名な「目黒のサンマ」――お忍びで出かけた目黒でサンマを食べ、「サンマは目黒にかぎる」と思い込んでしまった殿様――のモデルは家光本人だ、ともいう。

もちろん、ただの遊び好きではない。家光は祖父・家康を倣《なら》ってか、武術にも熱心だった。自ら剣術に励み、鷹狩りの回数は歴代将軍でも一位だ。病気で体を壊してからはそれもできなくなったようだが、その後は剣術の達人たちに試合を行わせ、見物するのを好んだというから、よほど好きだったのだろう。一方で学問や和歌など教養もおろそかにせず、文武両道の人であったのだ。

徳川家綱

江戸幕府・四代
一六四一年～一六八〇年

安定期の病弱将軍「左様せい様」

優しき将軍・家綱

家綱は家光の長男だが、晩年になってようやく生まれた子でもあった。そのため家光の喜びようはなみなみならず、大喜びで生まれたばかりの産室に飛び込んだ、というほどだ。

家綱は優しい性格であったようだ。幼少のころ、流罪の話を聞いて「死刑を免じて流罪にするのに、その先が誰もいない島では、餓えて死んでしまうのではないだろうか」と考えた。これを聞いた家光はその着眼点と優しさを喜び、流罪人に食料を与えさせることに決め、またこのことを家綱の最初の政策とした、という。

将軍になってからのことだが、本丸天守閣で「遠眼鏡で町を見物してみてはいかがでしょう」と勧められた家綱が「将軍が遠眼鏡で町を見張っていたら、人々はいやな気持ちになるだろう。それは軽々しい行いだ」と断った、という話もある。

また、趣味としてずいぶん馬術を好んだようで、ほとんど毎日のように乗馬に励んだ時期もあったらしい。記録に残っているだけでも、歴代一位の乗馬回数だ。一方、父と違って鷹狩りには熱心でなかった。

老中たちによる政治の始まり

ともあれ、家光晩年の子であるから、父が四十八歳で病死し、嫡男の家綱が後を継がなければならないとなったとき、彼はまだ十一歳であった。そこで、叔父の保科正之が後見人としてつくことになり、また家光時代からの重臣である酒井忠勝・松平信綱・阿部忠秋といった人々が政治を主導していくことになった。

それまでは十分に経験を積んだ人間が将軍になる、あるいは先代将軍が大御所としてまだ未熟な将軍を導くような形で、老中や若年寄といった家臣団はその補佐、あるいは手足となって働く存在であった。それが、家綱以降（正しくは、家光時代の終盤）からは重臣たちがある種の合議制を形成するようになる。現代風にいえば、ワンマン社長の時代が過ぎて、専務や常務といった役員たちも大きな発言力を持つようになった、というところか。

このような体制が成立したのは、家綱が幼かったことに加え、生来病弱であり、また政治へ積極的にかかわろうとはしなかったことも影響している。彼は画技・茶の湯・幸若《こうわか》といった文化を好み、政治は重臣たちに任せた。それでも、叔父をはじめとする側近たちがいたころはまだ、政治にもかかわっていたらしい。酒井忠勝が彼に「いくら将軍でもままならないことはあり、じっと耐えることも必要になります」と心得を説いた、ともいう。

しかし、彼らに代わって酒井忠清が政策の主導権を握ると、政治から興味を失っていったようだ。以後は何を問われても、返す言葉は決まって「左様せい（そのようにしろ）」――彼が「左様せい様」と呼ばれたゆえんである。忠清は強大な権勢を誇ってたびたび批判された人物なので、家綱とは合わなかった、ということなのだろうか。

浪人の不満と江戸を焼いた大火

そんな家綱の治世下は、基本的には三代かけて構築してきた江戸幕府というシステムがうまく機能し、安定した時代なのだが、二つの大きな事件が起きている。

ひとつは「由井正雪の乱（慶安事件）」である。家光の亡くなった一六五一年（慶安四）、これを好機と見た兵学者・由井正雪とその一党が浪人を集めて討幕を企てたのである。この事件そのものは未然に鎮圧されたものの、幕閣に与えた衝撃は大きかったようだ。その背景には、家康・秀忠の時代以来多くの大名を取り潰したせいで浪人が数多く生まれ、彼らの存在が日本全体の治安を悪くしていたことがあった。大名が反乱を起こすことを警戒して次々と改易にしたのが、逆に治安の悪化を招いた、というのは皮肉なことである。

以後、幕府の方針は人間の生命を尊重し、家を守る文治主義にシフトした。結果、浪人の発生を抑えるため、末期《まつご》養子（死の寸前に養子を取ること）が一部制限つきながらも認められるようになって、「子供がいないから断絶」ということがなくなった。

もうひとつの事件は、一六五七年（明暦三）の「明暦《めいれき》の大火（振袖火事）」である。乾燥して強風が吹いた冬の日に起こった大火は、木と紙でできた江戸の町並みをあっという間に焼き尽くした。焼死者は十万人に達したというから、尋常ではない。振袖火事という別名は「病死した娘の振袖を寺で燃やして供養しようとしたら、その炎が燃え上がって火事の原因になった」という話からきているのだが、これはあくまで伝説であろう。

この大火によって江戸城もすっかり焼けてしまい、特に天守閣は燃えたまま後々まで再建されることはなかった。これは保科正之が「今はもう戦乱の時代ではなく、天守閣を作り直しても役に立ちません」と進言したためだという。そのため、今は皇居となっている江戸城にある城風の建物は櫓《やぐら》であって、天守閣ではないのだ。

徳川綱吉

江戸幕府・五代
一六四六年〜一七〇九年

生類憐みの令を発した犬公方

治世の前半は「天和の治」

綱吉は三代将軍・徳川家光の四男であり、上野国館林藩に二十五万石を与えられた親藩大名であった。一六八〇年（延宝八）、そんな彼が将軍となったのは、兄・徳川家綱が子を残さずにこの世を去ったからだ。

家綱時代に権勢を振るった大老・酒井忠清は徳川家の血筋がいくつも残っていたにもかかわらず、あえて後西《ごさい》天皇の皇子・幸仁親王を擁立しようとした、という。これに対し、綱吉を擁立する老中・堀田正俊は病床の家綱を説得。これを了承した家綱が弟に「お前を養子にし、将軍職を継がせる」と伝えたので、五代将軍・綱吉が誕生した、というわけだ。

忠清はその直後に失脚し、正俊が新たな大老として「天和《てんな》の治」と呼ばれる政治が進行する。これは正しい統治を行っていない大名、不正を犯す代官などを徹底的に処罰して綱紀の粛正を行い、またこれによって農政を改善して幕府の経営も正そうというもので、大きな効果を挙げたようだ。ところが一六八四年（貞享元）、その正俊が突如として死んでしまう。江戸城内で若年寄・稲葉正休《まさやす》に襲われ、殺されてしまったのである。幕府の重鎮同士であり、また親族関係にあった彼らがなぜこのような事態に至ったのかは不明だ。

治世の後半は側用人政治

正俊を失った綱吉は、館林藩時代からの側近である牧野成貞を「側用人」という新設の役職に置いた。彼が政治の一線から退くと、同じく昔からそばにいた柳沢吉保を側用人とし、重用した。この側用人は将軍と老中の間の連絡役のようなものであり、結果として両者の関係は以前よりも遠くなった。老中が直接将軍に自分の意思を伝えられなくなり、将軍親政に近い形になるとともに、その意思を伝達する側用人は非常に重要な役職となったのである——何せ、ときには彼らの言葉が将軍の言葉になったのだから。

特に吉保は綱吉の信任が厚く、諸大名は彼の屋敷に詰め掛けてどうにか自分の便宜を図ってもらおうとしたが、吉保は権勢を独占するようなこともなく、また綱吉の死後は潔く幕政から身を引いている。それでも人々は彼を批判的に見たようで、「実は吉保の子である柳沢吉里は綱吉の隠し子であり、吉保と綱吉が彼を後継者にしようと画策したが、綱吉が正室・信子に殺害されたので頓挫した」という「柳沢騒動」が後世に創作された。

歴代将軍の中でも群を抜いた学問好きであったことも、忘れてはならない。

また、綱吉の性格を垣間見せるエピソードとして、オランダ商館員たちが挨拶に来たときのものがある。この際、綱吉は商館員の中にいた医師を質問攻めにして薬や病、その処置のことを熱心に聞きだしたという。

それだけなら学問好きの好奇心ですむのだが、綱吉は何を考えたのか商館員たちに芸を要求した。彼らはさぞ困っただろうが、ヨーロッパ人で唯一貿易を許されている特権を失いたくない一心からか、外国語の歌や踊り、片言の日本語などを披露した。これは綱吉以降の慣習となり、八代将軍・吉宗の時代まで続いた。

「生類憐みの令」は何のためだったのか

綱吉時代を象徴するのが「生類憐みの令」と呼ばれる一連の法令である。

始まりは生母・桂昌院が傾倒していた隆光という僧侶が、世継ぎの生まれないことを気に病んでいた綱吉に対して「それはあなた様が前世で生き物を殺したからです。現世で生き物を大事にすれば、前世の罪を償えるでしょう」と告げたことだったとされる。

これを信じた綱吉は一六八七年（貞享四）より、あらゆる生き物の殺傷と虐待を禁じる法令を出し続けた。生類憐みの令自体は、「犬が喧嘩をしていたなら水をかけてやり、怪我をさせないようにする」など、慈愛の心を持つように求める側面が強かった。これは綱吉が儒教的精神で政治を進めていたこととも深くかかわっている。

また、生類憐みの令でいう「生類」は人間も含んでいたようだ。綱吉は「捨て子禁止令」も出し、捨て子や捨て病人、また旅先で病気になった者への保護を義務づけている。

だが、法を犯した者を島流しにするなど人に対しての罰は厳しく、さらに「放し飼いの犬が町中をうろつく」といった別の問題も出てきて人々は大いに苦しむことにもなってしまった。

ちなみに、特に犬が重視されたのは、綱吉が戌年生まれだったからだというが、一方で綱吉が愛犬家だったという確たる証拠も見つからず、単に当時の江戸において野犬が大きな問題だったからだ、という見方もある。しかし、綱吉にどのような思いがあろうと、当時の江戸庶民はこれを「悪法」と見た。彼が麻疹で死ぬ前から「綱吉死す」と誤った噂がたびたび流れた——それほどに人々は彼を憎んだのである。

徳川家宣

江戸幕府・六代

一六六二年〜一七一二年

短いながら、英才を活用した名君

綱吉時代の払拭から始める

家宣《いえのぶ》の父は甲斐国甲府藩主で三代将軍・徳川家光の子である徳川綱重だ。父が正室と結婚する前に生まれた子なので隠し子とされ、家老・新見備中守正信の子「新見左近」として育った。ところが、結局綱重と正室の間に男子は生まれず、家宣の出自が明かされて将軍家を継ぐことになった。

家宣は生真面目で礼儀正しい人であったようだ。学問に熱心で、後述する新井白石からさまざまなことを学んだが、その際はどんなに暑くても正装で臨み、扇で扇《あお》いで涼をとろうとさえせず、蚊がやってきても無視した、という。講師に対する礼儀を守り、学問以外のことに意識を割かない、驚くほど真面目な生徒であったのだ。

また、将軍の後継者になるにあたっても、いち早く贈り物を用意しておもねってきた幕府重鎮に対して、むしろ相手を遠ざけるという断固たる姿勢を見せた。これもまた、生真面目さの表れであるといえよう。ただその一方で猿楽を好み、家臣にたしなめられるという側面もあった。

そんな家宣が一七〇九年（宝永六）に将軍になって真っ先に手をつけたこと、それは綱吉時代からの負の遺産というべき生類憐みの令を撤廃することだった。

綱吉は遺言として「生類憐みの令が民衆を苦しめていることはよく知っている。それでも、せめて私の死後も三年は続けてほしい」と家宣に頼んで死んでいる。しかし、家宣は民のことを最優先し、柩《ひつぎ》に「私自身はあなたの遺言を守ります。けれど、庶民のことはどうかあきらめてください」といった言葉をかけ、綱吉の葬式も挙げないうちに生類憐みの令を撤廃してしまったのである。どこまでも真面目な男だ。

このほかにも、綱吉時代に大きな権限を有していた柳沢吉保を幕政の一線から退け、また賄賂の横行をとめるための法令を整備するなど、前代の政治からの転換を次々と打ち出していく。

この時期は富士山の噴火もあり、生類憐みの令もあって多くの庶民が幕政に不満を持っていたが、新将軍の改革を多くの人々が喜んだことだろう。

側用人政治は継承する

家宣は先代の政治を何もかも否定したわけではない。むしろ、政治スタイルそのものは継承した、といっていい。すなわち、綱吉が館林藩時代の家臣たちを幕政においても重用したように、家宣もまた甲府藩時代からの家臣を登用して自らの政治を行ったのである。さらに、側用人を置いて老中と距離をとり、自らの意思を幕政に強く反映させようとしたのも綱吉時代と同じだ。

家宣の治世下において特に重用されたのはふたり。ひとりは間部詮房《まなべあきふさ》で、猿楽師から小姓を経て大名にまでなった人物である。仕事熱心な無私の人であり、また人柄も温厚で、大出世を遂げながらそれに溺れることもなかったという。

いまひとりが新井白石。こちらは儒学者で、頭の回転が速すぎる人物だったようだ。人々は彼のことを「鬼」と呼んで恐れ、また嫌ったと伝わる。のちに政治の一線から退いた後は執筆に没頭し、自伝『折たく柴の記』、諸藩記録『藩翰譜《はんかんふ》』、海外事情をまとめた『西洋紀聞』『采覧異言《さいらんいげん》』など多数の著作を残した。

この対照的なふたりが進めた一連の政治を「正徳《しょうとく》の治」と呼ぶ。先述した綱吉時代の悪影響の払拭のほか、進行していたインフレを食い止めるために純度の高い正徳金銀を発行したり、朝鮮外交における経費を削減したり、といった政策が知られている。朝鮮外交については、「日本国王」の号を使用することによって将軍の権威をさらに高めたことも見逃せない。

だからといって、家宣が何もかも彼らの言いなりになったのではない。たとえば勘定奉行の荻原重秀という人物については、白石が厳しくやめさせるよう求めたにもかかわらず、その才覚を認めてこれを拒否、長く勘定奉行として使い続けた（最終的には白石に押し切られたのだが）。優秀なブレーンを頼りにしつつも、リーダーとして自らの判断を押し通す姿が想像できるというものではないか。

このように理想的な政治を展開するかに見えた家宣時代だが、将軍就任から三年後の一七一二年（正徳二）に終わりを告げてしまう。病没である。五十一歳だからそこまで早い死でもないが、やはりこの年になってからの将軍就任は体に負担のかかるところも大きかったのだろうか。その遺書にも「短い時間しか将軍で居られなかったので、思うところを為せなかった」と書かれ、家宣の無念が表れている。

家宣の死後は白石・詮房のふたりが引き続き側用人として実権を掌握し、「正徳の治」を継続していくのだが、これについては次項に譲る。

徳川家継

江戸幕府・七代

一七〇九年～一七一六年

最年少将軍も、治世は続かず……

「幼児将軍」の格を高めるために

幼名は世良田鍋松丸で、「世良田」は徳川氏発祥の地に由来する（他の兄弟たちにも徳川氏のルーツである「新田」の姓が与えられた）。

家宣には七人の子がいたが、そのうち誕生まもなく死ななかったのは家継ひとりで、しかも家宣が亡くなった際にはまだ三歳だった。三歳での就任は徳川将軍として最年少。そのような事情から、亡くなる直前の家宣が御三家の尾張徳川家に将軍を譲ろうと考えたが、白石によって止められた。

白石としては「内乱を起こさないためにも、宗家の人間がいる限りは宗家で継承していくべきで、それでも絶えてしまったら御三家から選べばいい」と考えていたようだ。家宣は遺言として御三家に「協力するように」と言い残しているが、もしかしたらここにも白石の言葉の影響があるのかもしれない。

こうして将軍となった家継であるが、もちろん幼児に実務が行えるはずもない。結果として、詮房が後見人として補佐し、また白石が政策を立案する、という政治スタイルに落ち着いた。

だからといってふたりが実権を独占したわけではない。家宣時代には将軍が白石らの意見を修正し、拒否することもあったのに対し、家継時代には老中たちがふたりの政策に介入していったようだ。

そうして実務が進行しても、「幼児の将軍」ということで将軍の権威、ひいては幕府の権威が低下するのは避けられない。軍事階級である武家の頂点に立つ幕府としてはなんらかの軍事的イベント・行政によって権威を強化するのがふさわしいかもしれないが、それを幼児に要求するのも無理がある。

そこで白石は「格」によって権威を高める道を選んだ。彼が幕政を主導していたこの時代に、儀式や典礼が重視されるようになり、全体的に身分が強く意識された。さらに服装の種類による序列も明確になった。結果、自然と「一番偉い人」としての将軍の権威は高まった、というわけだ。さらに将軍就任の翌年、霊元《れいげん》天皇の皇女八十宮《やそのみや》吉子《よしこ》内親王（このとき二歳！）を正室として迎えたのも、権威付けの一環と考えていいだろう。

利発な少年ではあったが……

では、その家継本人はどんな人物であったのか。

幼少ながらなかなか利発な子であったと伝えられ、「私的空間である奥と、公的空間である表をちゃんと区別し、きちんとけじめをつけていた」とか「礼儀作法も自然だった」などの逸話が残っている。

また、昼夜問わず傍につき従った詮房を大変に慕っており、「ときにわがままを言って周囲を困らせても、詮房の前ではおとなしくなった」「外出していた詮房を外で待ち、戻ってくると彼に抱かれる形で中に入った」というから、これはもう完全に親子である。詮房は同僚の白石と対照的な温厚な性格であったというから、そこに幼児をなつかせる要素があったのだろうか。詮房のことを「まるで上様のようだ」と言った、とも伝わっている。

しかし、そんな家継も就任後数年でこの世を去る。わずか八歳での死であり、これによって徳川宗家は断絶してしまうのだった。

絵島・生島事件の背景

そんな家継の治世下において起きた大きな事件として、一七一四年（正徳四）の「絵《え》島《じま》・生島《いくしま》事件」がある。これは大奥年寄の絵島と宮路ら女中たちが墓参りのため増上寺へ外出したついでに芝居見物へ行き、そこで役者の生島新五郎らと酒宴に興じ、大奥の門限に間に合わなかった、というものだ。

このような芝居見物自体は当時いくらでもあったのだが、絵島が当時の大奥を二分する勢力のうち、月光院（家継生母）の派閥の有力人物だったことが問題だった。この門限破りは対立する天英院（家宣正室）の派閥にとっては絶好の攻撃材料となり、厳しい調査と処分が行われた、という。

また、そもそも大奥が華美で浪費がち、かつ風紀が乱れていたことから、白石らが綱紀の粛正を狙ってこのように厳しく罰した、という見方もある。

大奥という庶民には触れようのない女の園で起きたということもあって、この事件は江戸中の評判となり、多様な創作のモチーフとなり、現代でもドラマや映画などの素材になっている。

徳川吉宗

徳川幕府・八代

一六八四年～一七五一年

幕府を大改革した、強運の将軍

トントン拍子の大出世

幼名は源六・新之助、初名は頼方。御三家のひとつ紀伊藩徳川家からさまざまな奇縁が絡み合ってついに将軍にまでなりおおせた強運の将軍。

吉宗の父は紀伊藩主・徳川光貞だが、母・於由利の方の素性については諸説あって不明だ。ただ、「両親の出会いは「藩主が城の湯番の女に目をつけた」というものだったらしいから、彼女は下女だったはずだ。あまり美人ではなく体が大きかったといい、その血を継いだか吉宗も健康的で頑強な体の持ち主だったという。

彼の上には三人の兄がいたため、そのままならろくな出世は望めなかっただろう。しかし一六九七年（元禄十）、紀伊藩江戸藩邸を訪れた五代将軍・徳川綱吉が、父や兄とは別の部屋で待機させられていた吉宗を哀れに思って謁見させ、越前国丹生郡に三万石の領地を与えた（現地には赴かなかったようだ）のを皮切りに、トントン拍子の出世劇が始まる。

一七〇五年（宝永二）には紀伊藩主を継承する。父とふたりの兄が次々と病死していたこと（三番目の兄は早くに亡くなっていた）のが理由であった。ここまでなら「ただの幸運」で片付けられてしまいそうだが、吉宗は深刻な財政危機に陥っていた紀伊藩を劇的に改革し、財政を健全化したため、名君として大いにたたえられた。

その改革の内容は「自ら率先しての質素倹約、緊縮財政」「藩士たちに家禄（収入）の一部を返上させる」「新田開発・殖産興業で経済力の強化に努める」「訴訟箱を置き、広く意見を求める」といった内容が主で、これは後の享保の改革と同種のものである。

そんな吉宗が将軍になった理由は、先代将軍である家継の急死である。

本来は最有力候補であるべき御三家最上位の尾張藩主・徳川吉通およびその子の五郎太はこの少し前に亡くなっており、徳川継友（吉通弟）、徳川綱条《つなえだ》（水戸藩主）、松平清武（家宣弟、館林藩主）といった御三家や親藩大名の面々が候補として残され、その中から吉宗が選ばれて将軍となった、というわけだ。ちなみに、吉宗以前に分家から将軍が出た場合、その分家は消滅していたが、紀伊藩はそのまま存続している。

これだけ異例の出世を遂げただけに、「吉宗が将軍になった裏には、何かの陰謀があったのでは」という見方が当時からあったようだ。兄たちの死、将軍の死、吉通の死の陰で、吉宗の手が動いたのではないか――噂の域を出ない話ではあるが、疑われても仕方のない幸運ではあった。

享保の改革――質素倹約と「米」

将軍としての吉宗が進めた政策を総称して「享保の改革」という。そのスローガンは「家康時代への回帰」であった。

人事面については、前代の政治を取り仕切っていた新井白石・間部詮房らを退け、代わって長らく政治への発言力を失っていた譜代の名門大名たちを重く扱った。しかし、その一方では側用人と同種の役割を果たす「御側御用取次」を設置し、ここに紀伊藩主時代からの側近を配置することでバランスのいい政治を試みてもいる。彼が抜擢した人材は多いが、特に町奉行などを務めた大岡忠相《ただすけ》は有名だ。

ちなみに、吉宗は「正徳の治」時代の政策を転換していったわけだが、白石を嫌っていたわけではないらしい。むしろ、必要とあれば意見を求めるようなこともあったようで、吉宗という人の柔軟性を示すエピソードといえるだろう。

それまでの江戸幕府のシステムで取りこぼされていた「才覚はあるが、身分が低いので重要な役職につけない」人材を政権に取り込むため、在職中だけ臨時にその身分を高める「足高《たしだか》の制」も吉宗の政策だった。これは優れた人材を登用できるだけでなく、その人物が引退した後は高い俸禄を払わなくて済むので、幕府財政にもやさしかった。

経済面では紀伊藩時代と同じく厳しい倹約や上《あ》げ米（諸大名に石高にしたがって米を献上させる）、新田開発、などを推し進めた。これだけでは不十分なため、それまでの検見《けみ》法（取れ高に応じて年貢率を変える）を定免法《じょうめんほう》（年貢率を変えない）に変更して、税収が安定するようにもした。さらに収入を安定させるため、米価の調整にも苦心した。これらの「米」にかかわる改革が多かったのが、「米公方」のゆえんである。

しかし、これらの改革は農民たちから厳しく年貢を取り立てることにもつながり、また一七三二年（享保十七）には「享保の飢饉」と呼ばれる大規模な不作・食糧危機があったため、人々の生活は困窮。一揆や打ちこわしが起きたことも忘れてはいけないだろう。

殖産興業のため、キリスト教に関係のない洋書は輸入できるようになり、実学の研究が進んだのもこのころだ。同じ目的のために商品作物の研究も進み、飢饉に強い甘藷《かんしょ》（サツマイモ）や砂糖の原料になるサトウキビなどの栽培が奨励された。

この享保の改革は一定の成功を収め、江戸時代の三大改革に数えられるうちの残り二つ、寛政の改革と天保の改革はともにこれを手本に行われた。しかし、情勢の変化もあって、享保の改革ほどの成功はかなわなかった。

美女追放と尾張藩との確執

吉宗といえば初代将軍・家康を手本に質素倹約を旨とし、実用主義を好んだ人である。墓も自らのものは作らず、綱吉の墓に一緒に入ったほどだ。ここでは、彼の「倹約」をめぐるふたつのエピソードを紹介する。

ひとつは大奥改革をめぐるものだ。「女の園」である大奥は莫大な浪費をしており、幕府財政にとって常に頭痛の種であった。しかし、政治的にも少なくない発言力を持っており、押さえつけて緊縮財政を強いるのも難しかった。吉宗が将軍になったこと自体にも、大奥の意思が働いていたというから、なおさらだ。そこで吉宗はまず「大奥の美女五十人を選べ」と言い出した。普通に考えれば側室選び、ちょっとひねっても「美女だけを残すのか」といったところだが、吉宗は一味違った。なんと、この美女たちをすべて解雇してしまったのだ。理由は「美女なら大奥から出た後の生活も何とかなるだろう」である。

なんとも人を食った答えだが、彼女たちも「美女」といわれて悪い気はしなかったろう。さらに吉宗は大奥の実力者たちは厚遇したので、うまく大奥改革も進んだ、という。

もうひとつは、御三家筆頭・尾張藩の徳川宗春との確執である。この宗春というひとは自由を愛する派手好きで、一昔前の時代である元禄の世にこそ似合った人物であった。もちろん、質素を愛する吉宗と意見が合うはずもない。御三家同士の意地の張り合いも、その対立の背景にはあったかもしれない。

宗春は吉宗の命令を無視して文化政策を進めた。当時は遊郭も芝居も禁止され、祭りも質素にやることになっていたが、これは尾張藩では無視され、名古屋の町は大いに華やぐことになった。しかし、吉宗の改革が一定の成功を収めたのに対し、宗春には挫折が待っていた。一連の文化政策によって藩の風紀は大いに乱れ、藩財政も危機に陥った。将軍家との対立から、謀反の噂もついて回った。そしてついに吉宗は宗春を御三家初の隠居・謹慎処分に処するに至ったのだった。

吉宗の趣味は武芸と書画と象!?

宗春のような絢爛豪華なものではなくても、吉宗は吉宗で趣味を楽しんでいた。

最も有名なのは、武芸に打ち込んだことであろう。天下泰平の時代が長く続いたこともあって、将軍が家康時代のように武芸に励むようなことはすっかりなくなっていたが、吉宗は武芸の復活に努め、特に弓術と馬術、また鷹狩りに熱心だった。これらには享保の改革の一環として、平和な時代で緩んだ武士たちを引き締める狙いもあったものと思われる。

吉宗の興味は書画にも向いて、彼の書いた書・絵画ともに複数点が現代にも伝わっている。特に絵画については「にじみ鷹」という淡墨で鷹を描く技法を開発し、これは後に多くの絵師へ継承された。また、狩野周信《ちかのぶ》から教えを受け、彼が幼い息子・古信《ひさのぶ》を残して亡くなると、古信を身近において自らの学んできた絵画の技術を教えた、というからすごい。とても将軍のすることではなさそうだが、吉宗らしい型破りで筋を通したやり方だ、ともいえる。

吉宗は好奇心あふれる人物でもあった。オランダから入ってきた動物図鑑を愛読し、そこに載っていたであろうさまざまな海外の動物たち——ジャコウネコや孔雀、駝鳥《だちょう》などをわざわざ輸入させたほどである。そうした「珍しい動物好き」が究極の形で結実したのが、象の輸入であった。わざわざベトナムから連れてきたこの象は、オスメスのつがいのうちメスのほうは途中で死んでしまったり、道中の村々には象対応用のマニュアルが配られたり、天皇が見物するために象に官位が与えられるなどという事件もありつつ、どうにか江戸へ到着。吉宗や諸大名、そして市井の人々が見物することになった。

名君も女性はお好きなようで……

最後に、吉宗と女性に関するエピソードをふたつ。美女を大奥から追い出した吉宗だが、女性は好きだったようで、ロマンス関連の話は結構あるのだ。

たとえば、公家の娘で綱吉の養女の竹姫との恋が知られている。二十歳あまりも年が離れていたふたりだが、吉宗は婚約者に二人も先立たれた彼女に同情し、恋に落ち、ついには継室として（正室はすでに亡くなっていた）迎えようと考えた、という。しかし「綱吉の養女」という身分が問題になってかなわず、竹姫は薩摩藩主・島津継豊《つぐとよ》の継室となった。

一七二八年（享保十三）には「吉宗のご落胤《らくいん》」を名乗る怪人物が現れ、江戸を騒がしている。これが「源氏坊改行事件」だ。名奉行・大岡忠相が解決した事件として世に知られる「天一坊事件」というのは、これを元にした創作である。このときは結局「証拠もなく吉宗の子を騙《かた》った」として獄門に処されたが、吉宗としては覚えもあったようで、ゾッとしたのではないか。

徳川家重

江戸幕府・九代

一七一一年〜一七六一年

言葉が通じず、政治にも興味なし

名君の子ではあったが……

家重は父・吉宗がまだ紀伊藩主だったころに生まれた子であり、一七四五年（延享二）に父から将軍職を譲られた際にはもう三十五歳になっていた。

にもかかわらず、彼の治世の初期は吉宗が大御所として政治にかかわり、父が中風など病気によって健康を損なってからは老中・松平武元《たけちか》や側用人・大岡忠光などが中心となって幕政を取り仕切っていたという。後期には、この次代に活躍する田沼意次《おきつぐ》も頭角を現した。

なぜそうなったかといえば、彼が大変な虚弱体質で、しかも言語が不明瞭で側近たちさえもそのほとんどが将軍の言葉をうまく聞き取れなかったからだ。加えて、吉宗がどうにか学をつけさせようと勉強を強要したが受け入れなかったという話もあるので、彼自身の性根も将軍としての責務の方向には向いていなかったらしい。

吉宗としては長幼の序を守って長男である家重を後継者にするつもりだったのだが、一方で彼が幕府という巨大組織のリーダーに向いていないこともわかっていたろう。それに対し、次男の宗武と四男の宗尹《むねただ》はそれぞれに利発だったというから、迷うこともあったらしい。吉宗の下で活躍した筆頭老中の松平乗邑《のりむら》が宗武を擁立しようと画策した、という話まで残っている。

結局、将軍になったのは家重であり、宗武には田安家が、宗尹には一橋家が、それぞれ新しく興された。これに家重の子・重好が吉宗の遺言によって清水家を興し、「御三卿」が成立することになった。

言葉が不自由な将軍

家重の言語不明瞭の原因は「虚弱体質のせい」「若いうちから酒と女におぼれたせい」「幼いときの病気（脳性麻痺）のせい」などといわれている。このことはオランダ人の残した史料にも「自分の意思を言葉で伝えられず、合図のようなもので伝えるしかなかった」といった意味の記述がなされているから、かなり有名なことだったのだろう。体の弱さについても、「寛永寺への参詣に際して何度も小便に行き、小便公方と呼ばれた」などというなんとも情けない話が残っている。

このように本人が政治にかかわることを望まなかったとしても、鎌倉幕府の時代のような完全な傀儡将軍でもなく、まったく政治から無縁というわけにもいかない。そのときに他者とコミュニケーションできない家重の代弁者となったのが、先述した側用人・大岡忠光である。

なぜかといえば、忠光ひとりだけが家重の不明瞭な言葉をしっかりと聞き取ることができ、「将軍の口」として活躍したからだ。結果、彼は小姓から二万石の大名にまで出世を遂げることになる。何度か紹介したように、側用人という役職そのものが将軍の代弁者という性質を持っているのだが、忠光はその極端な例といえるだろう。

このような状況で綱紀が保たれるはずもなく、幕政は少なからず緩んだという。そんな中、一七六〇年（宝暦十）に長男・家治に将軍職を譲って隠居する。家治はその理由を「父の病のため」と語っており、実際にこの翌年、家重は病没している。

竹内式部事件の意味

彼の治世下で起きた事件として、「竹内式部事件（宝暦事件）」というものがある。京で人気を集めていた神道家の竹内式部という人物が謀反を疑われ、京都所司代によって捕らえられてしまった事件だ。

実際のところ、彼は別に幕府を倒そうと企んでいたわけではないらしい。竹内式部はあくまで天皇の偉大さを主張し、その尊さを人々に知ってもらおうと情熱を燃やしただけだった。しかし、実権を完全に奪われて名前だけの存在となっていた公家たちのプライドには響くものがあった。数十人の公家が式部の門弟となり、中には武術の訓練を始めるものまでいた。

これを危険視した他の公家たちが所司代に通報したものの、武家側としては当時このことを大きな問題とは捉えておらず、再三の要請に応えてようやく追放処分とした。この一件は、後の幕末の動乱における尊王攘夷思想隆盛の先駆け的存在であり、またかつて江戸時代初期に朝廷と公家を政治から締め出した幕府としては、その方針を貫くために重く扱うべき問題であった。

にもかかわらず、所司代の対応がどうにも鈍かったことは、のちの幕末期の動乱につながる問題として覚えておくべきことだろう。

田沼時代の将軍は無能か名君か

徳川家治

江戸幕府・十代

一七三七年〜一七八六年

稀有壮大な器

家治の父である先代将軍・徳川家重は体が弱く政治にも興味がなかった。しかし家治は幼いころより利発で知られ、学問に励むとともに武術にも熱心だった。祖父・徳川吉宗も彼の将来に期待するところ大で、孫の教育には自らかかわった、という。

たとえば、こんなエピソードがある。あるとき、彼が吉宗の前で「龍」の字を書いていた。しかし、紙にはもう文字が収まらない。周囲の心配をよそに、家治は最後の点を紙からはみ出して畳に落とした。その壮大さには、名君・吉宗も大いに感心したという。

別の話もある。ある小納戸役（将軍の身の回りの世話をする役職）が、家治に「お前は隣家のものとうまくやっていて結構なことだ、私には隣のもののことはさっぱりわからない」と話しかけられた。江戸城に住む将軍に隣人がいるわけはないから御三家や御三卿のことなのかと思えばあにはからんや、家治のいう隣は外国――中国、インド、朝鮮、オランダ（ヨーロッパ）のことだったのである。鎖国が定まって久しいこの時代にこれなのだから、その器の大きさと視野の広さは相当なものというべきだろう。

――にもかかわらず、家治が幕政の第一線に立つことはなかった。初期は家重時代から引き続き松平武元が実権を握り、やがて田沼意次がこれに代わった。いわゆる「田沼時代」である。意次は家治の父・家重に高く評価された人物で、家重は遺言で「私の死後も彼を重く扱うように」と言い残しているほどだ。

なぜ、聡明だったはずの家治が自ら政治を執り行おうとせず、彼らに任せ切りになってしまったのだろうか。

『徳川実紀』は「意次ら側近たちが彼の才能を伸ばそうとせず、むしろ過去の偉大な将軍の話を聞くのをやめさせるなど、スポイルしたからだ」と語る。また、巨大な官僚制度と化していた江戸幕府を将軍の手で左右するのは無理と悟ったからだという説もある。器は大きくても消極的だったため、優れた側近たちに任せるのを選んだのだ、ともいう。

どちらにせよ、彼の名前は田沼時代の陰に隠れてしまい、本人は絵画や囲碁といった趣味に没頭することになったのである。

田沼時代の功罪

さて、その家治から絶大な信頼を受け、幕政を主導したのが田沼意次である。元は紀伊藩士の血筋で、父の代に吉宗によって幕臣となった。自身は小姓から老中になり、五万七千石にまでなりおおせた出世人である。

彼は重商主義的政策を打ち出した。すなわち、「株仲間（商人や職人のグループ）」を公認して税をかけ、また長崎での外国貿易を拡大するなど、農業を重視してきたそれまでの幕政とは別のかたちで経済を活性化させ、減少していた収入を取り戻そうとしたのである。これは吉宗時代の重農主義と対を成すものと考えていいだろう。

このような政策は狙い通り商品生産の進展と貨幣経済の活発化をうながしたものの、一方で貧富の差を拡大させ、農村の疲弊と崩壊を招いてしまったのも事実である。また、一部の豪商たちは幕閣に賄賂を贈って自らの商売を有利に進めようと画策したので、「田沼時代＝賄賂政治」のようなイメージが定着してしまった。

しかし、これについては賄賂というのは別にこの時期だけの特徴ではなかったことも忘れてはならないだろう。

彼の権威が失墜するに至ったのは、いくつかの事件が原因だった。ひとつは一七八二年

(天明二)から二年続いて大凶作となった「天明の大飢饉」だ。特に二年目は浅間山が大噴火し、直接的な被害だけでなく、噴き上がった噴煙が日光を遮って凶作をもたらした。

また、この噴火と同じ年には若年寄として活躍していた息子の意知《おきとも》が江戸城内で殺害されてしまう。このことも意次の力を大いに削いだようだ。

とどめになったのは、家治の死であった。最大の後援者を失った意次は以前から政治的に対立していた松平定信らによって失脚へと追い込まれてしまう。このとき、意次の送り込んだ医者の薬を飲んだ家治が吐血してまもなく死んだという話から、「意次が将軍を毒殺した」という噂が流れた。しかし、意次は自分一代で成り上がった出世人であり、いざというときに彼が頼れたのは、自分を寵愛してくれる主人だけだ。その主人を自ら殺害するというのは、ちょっと考えられない。他に真相があると考えるべきだが、不明である。ともあれ田沼時代は終わり、次代の将軍・徳川家斉を擁した定信による寛政の改革へと移り変わっていくことになる。

将軍としての家治の評価は決して高いものではないが、彼に信任された田沼意次の政治を、経済を大いに発展させた開明的なものと捉える向きもあり、もしそうであるなら「優れた官僚を大いに活用した名君」という見方もできるだろう。

徳川家斉

江戸幕府・十一代
一七七三年〜一八四一年

四十人の側室、五十五人の子を儲けた好色家

寛政の改革——清すぎる水に魚は住めない

幼名は豊千代。将軍在職期間五十年は代々の将軍の中でも飛び抜けて長く、その地位を退いた後も、大御所として実権を握った。

家斉《いえなり》は御三卿・一橋家の治斉《はるなり》の子として生まれ、一七八七年（天明七）に十五歳で将軍に就任した。それからしばらくは先代のころに権勢を誇った田沼意次の一派と、その失脚に奔走した松平定信の一派による勢力争いが続いたが、各地で打ちこわしが起こったことから田沼派が失脚。定信が老中首座に就任し、以後幕政の主導権を獲得する。

定信は御三卿・田安家の出身で、実は先代将軍の家治は彼をこそ後継者にしようとしたが、田沼意次や一橋治斉らの画策によって白河松平家に養子に出された、という経緯のある人物だ。天明の大飢饉においても倹約と困窮対策によって自分の領地である白河藩の被

害を最小限に抑えるなど才覚に優れ、「吉宗の孫」と血筋も高貴であり、のちには四代将軍・徳川家綱時代の保科正之以来である将軍補佐職にまでなった。

その定信が進めた一連の改革を「寛政の改革」と総称する。

その基本コンセプトは「田沼時代の粛正」と「享保の改革の再現」の二つの言葉で説明できる。重商主義を撤廃し、重農主義に回帰しようとしたのである。そのため、厳しい倹約令が打ち出され、華美な風俗は禁止され、たとえば大奥の経費も三分の二にまで削ってしまった。もちろん農業も重視され、荒廃して放棄された農村に補助金を与えてまで人を返している。天災対策の備蓄や、農村から流出した人々に仕事を与えるために人足寄場《にんそくよせば》を設置したり、といった政策も行われた。

しかし、彼は田沼時代への反動からか、あまりにも清廉な政治をしようとし過ぎた。激烈な締め付けに人々の不満が鬱積し、「白河の清きに魚も住みかねて　もとの濁りの田沼恋しき」などという狂歌が歌われたほどだ。

「尊号一件」と定信の失脚

そんな定信が失脚する大きなきっかけになった事件として、「尊号一件」がある。事の発端は、一七九一年（寛政三）に時の光格《こうかく》天皇が実父の閑院宮典仁《かんいんのみやすけひと》親王に、本来は先の天皇の尊号である「太上天皇」を贈ろうとしたことだった。この件は定信の強烈な反対によって流れてしまい、朝幕関係を緊張させてしまう。なぜ彼がそこまで反対したかといえば、幕府でもちょうど同じような問題が起きていたからだとされる。実は、家斉もまた実父治斉を「大御所」、つまり先の将軍扱いしようとしていたのだ。治斉はかつて将軍になろうとしてかなわなかった人物であるから、その無念が背景にあったのだろうか。

ともあれ、この事件を機に家斉と定信の間は険悪になってしまった。そこで、定信は「家斉様も成長なされたので」と将軍補佐職辞任の意思を示した。本人としてはいったん距離を置こうくらいの気持ちだったのかもしれないが、家斉はこれを好機と見て老中の職まで取り上げてしまった。こうして寛政の改革は頓挫したのである。一説には大奥を締め付けすぎてその反感を買ったのが原因である、ともいう。

ただし、定信失脚後も彼と意を同じくする「寛政の遺老」と呼ばれる重臣たちが残って政治を主導したため、しばらくは寛政の改革の路線が続いた。

あっという間に元通り

幕政の方針が大きく転換したのは一八一八年（文政元）、松平信明《のぶあきら》が老中から退き、代わって水野忠成《ただあきら》が実権を掌握したときのことである。

忠成は家斉の側近であり、将軍がこのころにはすっかり政治への関心を失って遊びほうけていたのをいいことに、政治をほしいままにした。この時期、賄賂政治の横行ぶりは往年の田沼時代もかくやというものであり、先の定信時代の狂歌に付け加える形で、「水の（野）出て　元の田沼となりにけり」と揶揄されるに至った。

また、家斉の治世の終盤期である天保年間は、天保の飢饉と呼ばれる大飢饉が続き、各地では一揆や打ちこわしが頻発した。それどころか一八三七年（天保八）には大坂で元与《よ》力《りき》の学者・大塩平八郎が武力反乱に踏み切る始末だった。

彼は与力時代から庶民の人気が高く、飢饉で苦しむ人々をどうにか救おうと奔走した人物であったが、もはやこの危機から日本を救うためには実力行使によって幕府へ抗議するしかない、と挙兵したのだ。結局、この事件は幕府軍によって鎮圧され、平八郎がひそかに準備していた不正告発の書状も届かず、ついに彼は爆死して果てた、という。

このように悪化を続ける国内情勢の結果として幕府財政は困窮の一途をたどるのだが、問題はそれだけではない。他ならぬ家斉とその家族が莫大な浪費を行い、ただでさえ弱っていた財政に大きなダメージを与えたのである。

家斉は大変な好色家であり、四十人もの側室を抱え、実に五十五人もの子を儲けた。ところがこのうち成人したのは半分に満たない二十五人とされている(数字は諸説あり)。ともあれ、幕府としては生まれてきた子どもたちの世話をしなければならない。仮にも将軍の子であるから、彼らの養育費はすさまじいものだ。当時貴重品であった白砂糖をおやつのために一日六百キロ使用した、という話からも財政への負担がお分かりいただけるかと思う。

そのうえ、将軍の子をそのまま置いておくわけにもいかず、養子や嫁入り先を半ば無理やりにでも探す必要があった。このことによって縁戚関係ができた大名に対して家斉の影響力は強化されたが、一方で家斉の子が入った家に対しては優遇政策をとったので、他の大名からは当然のように反発された。

側室を通じて権勢を振るった「父」たち

家斉の数多くの側室のうち、特にその名が知られているのがお美代の方である。

彼女はもともと智泉院の日啓という僧侶の娘だが、美貌と才覚はずば抜けていたらしい。

そこに目をつけた家斉近臣の中野清茂（碩翁《せき》）が養女として大奥に入れたところ、思惑通りに家斉の寵愛を受けるようになった。これで養父・中野清茂は大いに出世したし、実父・日啓も絶大な力を振るうようになった。彼の智泉院は将軍御祈禱所取扱所となり、また娘を通してか怪しげな祈禱の効果があったのか、大奥とも深いつながりを作った。さらに家斉に願って新たに感応寺という寺を建立し、ここが「江戸の新名所」などともてはやされる始末であった。一説には、この感応寺に大奥女中たちが長持ちに隠れる形でこっそり訪れ、みだらな行為にふけっていた、ともいう。このような話が広まるくらいに、当時の世相を反映して、大奥の風紀も乱れていたのだろう。

また、家斉実父の一橋治斉（穆翁《ぼく》）、家斉の正室の父である島津重豪《しげひで》（栄翁）、そしてこのお美代の方の養父・清茂（碩翁）の三翁はそれぞれ家斉の「父」的存在であるわけだが、彼らがあまりにも豪奢な生活を送っていたので、人々は彼らを「天下の楽しみに先立って楽しむ」と評したという。

結局、家斉は五十年にわたって将軍職に居座った。太政大臣の栄誉にも輝き（生前にこの地位を得たのは足利義満や徳川家康・秀忠などごくわずか）、一八三七年（天保八）に子の家慶に譲った後も大御所として、亡くなるまでその発言力を保持し続けたのだ。

徳川家慶

江戸幕府・十二代
一七九三年〜一八五三年

幕政にかかわらなかった「そうせい」様

天保の改革――吉宗時代への回帰

幼名は敏次郎。幕府の衰退と外国からの圧迫にさらされた国難の時代の将軍ではあるが、性格は温厚であって積極的に幕政へかかわる人ではなかった。

十一代将軍・徳川家斉の次男として生まれ、一八三七年（天保八）に将軍職を継承する。しばらくは大御所・家斉が実権を握ったため、彼の政治が始まったのは父の亡くなった一八四一年（天保十二）以降のことである。それ以前は将軍であるにもかかわらず幕政にかかわることができず、何をいわれても「そうせい」と返すしかなかったため、「そうせい様」と揶揄された。

まず、家慶は老中首座の水野忠邦に命じて、旧家斉派を一気に処罰させた。政治を壟断《ろうだん》した家斉側近たちを政治から追放しただけでなく、家斉時代に膨れ上がっていた大奥女中たちも大量解雇したのである。お美代の方と日啓も、このとき忠邦によって厳しい処罰を受けている。一説によると、このころお美代の方ら家斉派の人々は家斉の娘を妻に迎えていた前田犬千代丸を擁立しようと画策し、家斉正室に働きかけたものの失敗した、という。ただ、この話はあまりにも無理があるので、忠邦側のプロパガンダと思われる。

このような過去の清算を済ませた上で、忠邦が取り掛かったのが江戸時代三代革命最後となる「天保の改革」である。家慶は直接それらの政治に携わったわけではないが、父の死をきっかけに旧時代と決別する判断を下したことは評価されるべきだろう。

また、家慶が忠邦に目をつけたきっかけとして「家臣たちが家慶に花を献上した際、忠邦ひとりが質素な、自ら丹精して育てた花を用意した」というものが知られている。父に幕政の全てを握られつつも、吉宗時代のような強力な幕政改革を行いたかったという家慶にとって、忠邦の花は質実剛健の象徴のように感じられたのであろう。父・家斉の贅沢三昧の退廃的な生活への反感も、そこに乗せられていたはずだ。

その天保の改革とはどんなものだったのか。スローガンとして掲げられたのは「享保の改革に戻る」ことであり、寛政の改革と方針を同じくする。結果、厳しい倹約が命じられ、落語や芝居、出版物など風紀に悪影響を与えると考えられたものが取り締まられた。

また、江戸の人口爆発と農村の荒廃を改善するために人返しの法が定められ、都市人口を積極的に農村へ移した。同じく問題になっていた物価の高騰に対しては株仲間の解散で対応しようとしたが、これは効果がなかった。

外からの圧力に苦しむ

家慶の時代、幕府が抱えてきた問題は財政危機ばかりではなかった。実は以前から列強諸外国の船がたびたび現れ、開国を求めていたのである。

幕府は鎖国を守るために「外国船が出現したら攻撃しろ」という指示を出していたのだが、一八四〇年（天保十一）から勃発したアヘン戦争のニュースがその方針を変えさせた。東アジアの盟主であったはずの清（中国）がイギリスの前に敗北したのである。そこで、戦争を回避するために攻撃するのはやめ、代わりに食料や燃料を与えることになった。

それでも、戦争の可能性が消えたわけではない。そこで一八四三年（天保十四）、上知《じょうち》令という法令が出された。これは、江戸と大坂周辺の土地を幕府に返還させ、この地域を直轄地として整理することで守りを固めようと考えたのである。また、これらの地域は当然ながら経済的に豊かだったので、幕府の収入も上がる、という一石二鳥の政策だった。

しかし、残念ながらこれが天保の改革頓挫のきっかけになってしまう。領地を取り上げられそうになった大名や旗本たちが猛反発し、上知令は撤回に追い込まれてしまったのである。忠邦は失脚し、改革はわずか二年で終わった。

改革が失敗しても、財政危機と海外からの圧迫は消えない。新たに阿部正弘が老中首座として起用され、このふたつの問題に取り掛かることになった。そんな中で一八五三年(嘉永六)、アメリカのペリー艦隊が浦賀に来航し、開国を要求する大統領の手紙を渡し、翌年の再来航を約束して去った。このとき、家慶は病床にあって報告を受けておらず、正弘によって死の間際に伝えられると御三家の水戸藩主・徳川斉昭に相談するよう命じた。

結局、家慶は阿部正弘、徳川斉昭の両者に後事を託す形でこの世を去る。しかし、前者は国難の時代に強力なリーダーシップを発揮できなかった。むしろ朝廷や諸大名に対外政策について意見を求めたため、幕府権威の低下と朝廷や外様大名らの積極的な政治参加を招いた。後者は強烈な攘夷論(外国を排除するべき、という思想)を展開し、幕政を大いに混乱させる。ふたりの行く末を、あの世の家慶が見ていたとしたらなんと言っただろうか。

また、この人は遺骨が発掘されている。それによると当時の一般よりも小柄な体格で、細長い顔をしており、印象に残る容貌だったろう、とされている。

徳川家定
江戸幕府・十三代
一八二四年〜一八五八年

趣味は料理の「痼癖将軍」

どうにも情けなかった将軍

十二代将軍である徳川家慶には二十数名の子がいたものの、そのうちで無事成長して成人したのはたったひとりだった。それが家定である。

そして正直なところ、その家定もまた、無事に成長したとはいいがたい所があった。彼は生まれつき病弱で、しかも人格のほうにもちょっと問題があった。父の後を継いで将軍になったとき、もう三十歳になっていたのだが、その振る舞いは「鳥を追いかける」「銃の先につけた剣先で家臣を追い回す」など、総じて「児童のごとし」と称されるようなものだったのである。

家定の趣味は「料理」であったといい、サツマイモやカボチャを煮た、あるいは饅頭《まんじゅう》やカステラを作った、さらには病床の家慶に粥《かゆ》を届け、障子にあけた穴から食べる様子を見ていた、という話が伝わっている。軍事階級である武士の頂点に立つ将軍の振る舞いとしては、あまりにも女々しい——少なくとも、当時の武士たちはそう思ったのではないか。

また、感情を制御できず癇癪を起こしたり、目や口、首が勝手に動くので正座ができないなど、奇態としか言いようがない振る舞いもあった。そのため、ついたあだ名が「癇癖《かんぺき》将軍」である。

このように、わが子・家定がどうにも将軍の重責には耐えられそうにない、というのは父である家慶にもわかっていたらしい。そのため、別の候補者に目をつけていた、という話がある。それは徳川斉昭の子で、一橋家に養子として入っていた一橋慶喜（後の十五代将軍・徳川慶喜）であった。

慶喜は少年のころから才覚を高く評価されており、また家慶は彼の父の斉昭を頼りにしていたようだから、そのバックアップに期待する部分もあったのかもしれない。しかし、結局この話は流れてしまう。どれだけ頼りなくても、将軍の子がいるのにそれを廃して御三卿・御三家から連れてくるのはあまりにも問題がある、と判断されたのだろう。

対外問題と継嗣問題にはさまれて

家定の時代、幕府はふたつの問題を抱え、混乱していた。

ひとつは先代から引き続いて頭痛の種になっていた対外問題だ。一八五三年（嘉永六）に来航したアメリカ海軍のペリー提督は翌年に約束どおり再来航し、幕府としては日米和親条約を結ばざるを得なかった。こうして二百年以上にも及ぶ日本の鎖国は解けた。

アメリカはさらに翌年、修好通商条約の締結を求めてきたが、国内の意見はまとまらず、大いに紛糾した。朝廷から勅許をもらうことでこの混乱を解決することが模索されたが、当時の朝廷は強烈な攘夷意見に支配されており、なかなかうまくいかなかった。

もうひとつは、家定の後継者をめぐる問題だった。「安政将軍継嗣《けいし》問題」という。

家定は公家から正室を二人迎えたが、相次いで亡くなってしまった。そのため、薩摩藩島津家から三人目の正室を迎えている。これが幕末の動乱期において徳川将軍家存続に奔走した篤姫（天璋院《てんしょういん》）である。

しかし、先述したように彼は病弱で、「実子は生まれないだろう」と見られていた。ならば御三家や御三卿から後継者を選ばなければいけないのだが、ふたりの有力候補それぞれに支持者がいて、国内を二分する争いになってしまった。

ひとりめの候補者は先にも名の上がった一橋慶喜で、「一橋派」と呼ばれた人々は彼の英明さに期待して支持した。一橋派の特徴として、江戸時代後期に財政改革や殖産興業に成功して大きな力を得ながら、外様大名であるために幕政へ参加できない西南雄藩の大名たちが多く参加していたことが挙げられる。

ふたりめの候補者は紀伊徳川藩主の徳川慶福《よしとみ》で、「南紀派」たちは彼のほうが血筋が将軍家に近いことを根拠とした。彼らは血筋の権威によって国難に当たろうとしていたのだ。

このふたつの問題は、井伊直弼《いいなおすけ》が大老に就任し、豪腕を振るったことで解決する。任命したのは家定だ。それまでまったくリーダーシップを発揮しなかった将軍が、死を前にして初めて将軍らしい行動をしたわけだ。しかし、その背景には、南紀派からの働きかけを受けた大奥が、「一橋派があなたを将軍から引き摺《ず》り下ろそうとしていますよ」と吹き込んだことがあったといい、結局のところは傀儡に過ぎなかったわけだ。

直弼は勅許を待たずに日米修好通商条約に調印し、また慶福（家茂と改名）を十四代目の将軍の座につけた。家定が亡くなったのはそれからまもなくのことで、死因は「毒殺」「コレラ」などの噂が流れたが、実際には脚気《かっけ》であったようだ。

徳川家茂

江戸幕府・十四代
一八四六年〜一八六六年

血筋で選ばれた貴族的将軍

公武合体の象徴として

父は御三家の紀伊藩主・徳川斉順《なりゆき》だが、この人は十一代将軍・家斉の子で、養子として紀伊藩に入った、という経緯がある。安政将軍継嗣問題で血筋を重視する譜代大名らが彼を担ぎ上げたのは、この将軍家との血筋の近さが理由だった。

家茂は穏やかな性格の持ち主で下からの人気もあり、貴族的な容貌の持ち主だった。

一八五八年（安政五）に将軍として擁立されたが、このときは弱冠十四歳だったため、御三卿の田安慶頼《たやすよしより》が後見人としてついている（三年後に解任）。活発な少年で、しばしば虫や動物などを追いかけては家臣たちを困惑させたという。

幕末の動乱期の将軍だけあって、家茂《いえもち》の治世は当初から波乱含みであった。彼を将軍に押し上げた最大の立役者である大老・井伊直弼は、その年の内に一橋派として徳川慶喜を擁立したものたちや尊王攘夷派などを徹底的に処罰する「安政の大獄」を起こすが、それによって恨みを買ってしまい、一八六〇年（万延元）には暗殺されてしまう。これが「桜田門外の変」だ。

生まれる前に父を亡くしていた家茂にとって直弼は父親のような存在だったのか、彼のいうことなら素直に聞いたとされる。それだけに直弼の死には強い衝撃を受け、しばらく食欲を失ったという。

その後に幕政の第一線に立ったのは老中・安藤信正で、この人はすっかり地に落ちてしまった将軍と幕府の権威を回復させるため、公武合体政策を推進した。すなわち、家茂の正室として時の孝明天皇の妹・皇女和宮を迎えることで、公＝朝廷と武＝幕府が手を携えてさまざまな問題に立ち向かっていく形を作ろうとしたのだ。かつて、初代・家康、二代・秀忠のころには朝廷を徹底的に政治から排除しようとしたことを考えると隔世の感があり、それほどに幕府が衰退していたことの象徴といえる。

家茂と和宮の関係は大変良好だったようだ。その仲むつまじい生活は、和宮が江戸城において京風の生活をすることを許し、また「天皇の娘」である彼女のことをきちんと立ててあげた家茂の度量の大きさによる部分が大きいように思われる。家茂が将軍には珍しく側室を持たなかったのも、そうした器の大きさ、優しさの一面であろうか。

しかし、過激な尊王攘夷論者の中には両者の結婚そのものを「不敬」と見るものもいて、一八六二年（文久二）に和宮が降嫁する直前、これを主導した信正が襲撃を受け、命は助かったものの失脚してしまう。「坂下門外の変」である。こうして幕府主導の公武合体路線は頓挫するが、薩摩藩など雄藩の藩主が幕政に介入し、この路線は継続されていく。徳川慶喜が将軍後見になったのもそうした介入の一環である。

自ら出陣しながら……

一方、長州藩を中心に尊王攘夷運動が盛り上がり、朝廷での主導権を得ていた。こうした運動の背景には、開国の影響で物価が高騰し、庶民に不満が募っていたこともあるようだ。

一八六三年（文久三）には家茂が自ら上洛して朝廷の体制を変えようとしたがかなわず、むしろ攘夷の期限を定められてしまう始末だった。その後、薩摩藩・会津藩の尽力によって朝廷の尊王攘夷派は主導権を失い、翌年には長州藩が武力によって逆転を狙うも失敗（禁門の変）。これに乗じるべく幕府は長州藩を攻撃して降伏させる。ところがその後、親幕府でまとまるかに見えた長州藩内部でクーデターが起き、討幕派が主導権を得てしまう。

このように一進一退を繰り返す情勢の中で、家茂は幕府の権威復活を目指して自ら兵を率い、第二次長州征伐を行う。しかし朝廷はなかなか長州への攻撃を認めなかったので、彼は大坂に足止め状態になってしまった。さらには、通商条約の勅許と兵庫の開港を求める諸外国と、これを認めないでむしろ幕府の人事に介入してくる朝廷との間で幕府が板ばさみになり、家茂は「将軍を辞職する」という辞表を出すにいたった。結局、慶喜が家茂を説得して辞表を撤回させるとともに、条約勅許を取り付け、一旦は丸く収まっている。

一八六六年（慶応二）、ようやく第二次長州征伐が始まった。ところが、このころ密かに薩摩藩と結びついていた長州藩は小勢ながら強大な軍事力を備えており、幕府は大敗する。大坂城で病に倒れていた家茂がこの世を去ったのは、まさにそんな劣勢の中でのことだった。精神的なショックが大きかったのだろう。また脚気の症状が見られたほか、後世に行われた遺骨の鑑定によると「虫歯だらけだった」ともいい、体調悪化の一因だったのでは、と考えられている。

未亡人となった和宮は頭を剃って静寛院宮《せいかんいんのみや》となり、京には戻らず江戸に残った。数年後に訪れる徳川将軍家の危機に奔走し、亡くなる際には夫と同じ墓に入ることを望んだ。公武合体政策は破綻したが、家茂と和宮には深い絆が結ばれていたのである。

徳川慶喜

江戸幕府・十五代
一八三七年～一九一三年

武家政権の最後を飾った英才

「ねじ上げの酒飲み」式将軍就任

幼名は七郎麿。武家政権の時代の最後を飾る征夷大将軍。幼少期から英明を謳われた人物ではあるが、衰退していく巨大組織を救うことはできず、また討幕に向かって突き進んでいく時代の流れを変えることも不可能だった。

彼は御三家の水戸藩・徳川斉昭の七男で、一橋家に養子として入って一橋慶喜《よしのぶ》を名乗った。本来は江戸で育てられるしきたりなのだが、斉昭の教育方針で水戸育ちになった。幼少期は大変な腕白坊主だった。

その一方で厳しくしつけられており、「寝相の矯正のため、寝返りをしたら切れるよう、枕の左右に剃刀を置いた」などという話まで伝わっている。相当なスパルタ教育を受けていたのだろう。

長じて後、安政将軍継嗣問題で候補者になるも選ばれず、安政の大獄では隠居・謹慎処分を受けた。その後、十四代将軍・家茂の後見役となり、特に朝幕関係を取り持つために奔走することになった。

そんな慶喜がついに将軍となったのは一八六六年（慶応二）、第二次長州征伐のさなかに家茂が病没したためだった。

このときにも対立候補として田安家の亀之助がいたが、幕府が窮地に陥った状態で就任する将軍として、わずか四歳では話にならない。擁立の動きがあったのは以前から「水戸嫌い」「慶喜嫌い」を隠さず、安政将軍継嗣問題でも家茂を擁立した大奥くらいのものだったようだ。

ところが、実は慶喜が将軍になるまでにはひと悶着があった。誰かが妨害したわけではなく、慶喜自身がなかなか承知しなかったのだ。それどころか「徳川宗家の家督を継承するのはいいが、将軍にはなりたくない」と江戸幕府二百数十年の慣習を無視するようなことを言う始末だ。

このときの慶喜の様子を、福井藩主で幕政にも深くかかわった松平慶永《よしなが》は「ねじ上げの酒飲み」だ、と評している。これは酒を断りながら実は注がれた先から飲み干してしまう酒飲みのことで、つまり「ポーズとして断っているだけだ」といったのである。実際、慶喜は将軍職を継承することになる。

慶応の改革から大政奉還へ

将軍となって以来、彼は幕政改革に邁進していた。これを慶応の改革という。以前は老中が各種の問題に対して合議を行って判断していたのを、陸軍や海軍、外国事務に会計といった各部局の上に立つ責任者を総裁として置き、その上に将軍が立つ中央集権的な組織作りを行った。さらに人材を集め、軍事力を強化する。幕府寄りの態度を示したフランス公使ロッシュを信頼し、資金を借りたり軍制をフランス式に改めたりもしている。

それでも、幕府が置かれていた状況はどうにもならない、と判断したのだろう。慶喜は奇策に打って出る。朝廷に政権を返す——いわゆる「大政奉還」で、将軍職についてまもなく辞任の届出を出した。発案は土佐藩の坂本龍馬・後藤象二郎であったとされる。この案によって、江戸幕府二百数十年の歴史は幕を下ろしたのである。慶喜が将軍になって一年も経っていなかった。

これは一見、幕府側の無条件降伏に見えるが、そうではなかった。政権を返されても朝廷側には全国を統治するようなシステムはなかったので、あわてたのはむしろ朝廷のほうであった。また（旧）幕府もいまだ大きな勢力を残している。薩摩・長州といった討幕派が準備を進めていた幕府攻撃の出鼻をくじき、かつ今後再編されるであろう天皇を中心とした新政府で慶喜が「上院議長」あるいは「大君」といった主導的な役割を占めるための思惑があった、ともいう。慶喜は政治的な駆け引きとして、あえて大政を手放してみせた、というわけだ。

徳川主導新政権の夢は破れ……

残念ながら事態は慶喜の予想を超えて動いた。討幕派は「王政復古の大号令」を出して幕府勢力を排除した形での新政府樹立を決定し、さらに慶喜から内大臣の官位と領地を没収する旨、取り決めた。これでは、慶喜が考えていた「徳川が主導的な役割を持つ新政府」は成就し得ない。幕府が実質的に崩壊したのはまさにこの瞬間であった、といっていいだろう。

翌一八六八年（明治元）、追い詰められた慶喜は兵を率いて上洛するも、官軍の証である「錦の御旗」を翻す薩摩・長州ら新政府軍に鳥羽・伏見の戦いで敗北。大坂城に戻るや、わずかなお供だけを連れて軍艦で江戸へ脱出してしまった。取り残された幕府軍としてもこれでは戦えるはずもなく、「三百年の天下を三日で失った」と慶喜を責めるものもいた、と伝わる。

この時期の慶喜には新政府（朝廷）と戦うか否か大変に迷っていた節が見られ、それが最終的な江戸への逃走という形に表れたのだろう。

やがて新政府軍が江戸に向かって進発する中、慶喜はひたすら恭順の姿勢を示した。小栗忠順《ただまさ》に代表される抗戦派もいたし、彼を援助するフランス公使ロッシュも新政府と戦うよう勧めたが、拒否。上野の寛永寺に入って謹慎した。

結局、新政府側の指揮官である西郷隆盛と、旧幕府側の代表者である勝海舟の会談によって江戸城の攻撃は免れ、慶喜は水戸で謹慎、ということになった。徳川家自体は、将軍就任時に対抗馬として名前が挙がった田安亀之助が「徳川家達《いえさと》」として継承しているが、もちろん征夷大将軍ではもはやない。

その後も江戸や東北諸藩には旧幕府側勢力が存在し、彼らと新政府が激突する戊辰《ぼしん》戦争がしばらく続くことになる。それらの戦いに、慶喜はまったくかかわっていない。

その後の徳川家と慶喜

家達は新政府によって駿河に七十万石を与えられ、これが廃藩置県まで続いた。

慶喜もこの地でしばらくの謹慎生活を送った後、自由の身になったが当然政治にかかわることはゆるされず、ひたすら趣味に没頭する生活を送った。彼は大変に多趣味な人物であり、馬術や弓術といったいかにも「将軍らしい」ものから写真に油絵など「新時代」風のものまで多彩にこなした。

人物評としては長州藩・桂小五郎（木戸孝允）の「家康の再来」、フランス公使ロッシュの「本当の君主の風格がある」、イギリス外交官アーネスト・サトウの「日本人の中で最も貴族的な容貌」といったものが伝わっている。しかし、幕末の動乱期においては優れた才覚を発揮する一方で、追い詰められて逃げるような行動を示しており、粘りに欠けた天才型、という評価をすることもできるだろう。

晩年になってようやく宮中への参内を許され、謁見した明治天皇は後に「罪滅ぼしがかなった」と話した、という。また、最期の日々は静岡を離れ、東京で暮らしている。

主な参考文献

国史大辞典編集委員会編『国史大辞典』吉川弘文館
峰岸純夫、片桐昭彦編『戦国武将・合戦事典』吉川弘文館
平凡社編『「平凡社」日本史事典』平凡社
『官位と組織のしくみがわかる本(別冊歴史読本70号)』新人物往来社
高橋富雄著『日本史小百科25』近藤出版社
『歴史読本79年6月号』新人物往来社
『歴史読本03年3月号』新人物往来社
児玉幸多ほか編『集英社版 日本の歴史5 平安建都』集英社
児玉幸多ほか編『集英社版 日本の歴史7 武者の世に』集英社
児玉幸多ほか編『集英社版 日本の歴史8 南北朝の動乱』集英社
児玉幸多ほか編『集英社版 日本の歴史12 江戸開幕』集英社
児玉幸多ほか編『集英社版 日本の歴史13 元禄・享保の時代』集英社
児玉幸多ほか編『集英社版 日本の歴史14 崩れゆく鎖国』集英社
山田邦明著『日本中世の歴史5 室町の平和』吉川弘文館
鈴木拓也著『蝦夷と東北戦争(戦争の日本史3)』吉川弘文館
川尻秋生著『平将門の乱(戦争の日本史4)』吉川弘文館

福島克彦著『畿内・近国の戦国合戦（戦争の日本史11）』吉川弘文館
笠谷和比古著『関ヶ原合戦と大坂の陣（戦争の日本史17）』吉川弘文館
安田元久編『鎌倉将軍執権列伝』秋田書店
臼井信義著『足利義満（人物叢書新装版）』吉川弘文館
奥野高広著『足利義昭（人物叢書新装版）』吉川弘文館
伊藤喜良著『足利義持（人物叢書新装版）』吉川弘文館
櫻井彦、樋口州男、錦昭江編『足利尊氏のすべて』新人物往来社
奥富敬之著『清和源氏の全家系5　南北朝争乱と足利一族』新人物往来社
桑田忠親編『足利将軍列伝』秋田書店
小和田哲男監修『南北朝と室町政権　南北朝期―室町期』世界文化社
小川信監修『南北朝史100話』立風書房
竹内誠編『徳川幕府事典』東京堂出版
『歴史読本』編集部編『総図解よくわかる徳川将軍家』新人物往来社
『徳川将軍家歴史大事典（別冊歴史読本86号）』新人物往来社
『徳川幕府のしくみがわかる本（別冊歴史読本96号）』新人物往来社
中江克己著『徳川将軍百話』河出書房新社
藤井讓治著『徳川家光（人物叢書　新装版）』吉川弘文館
塚本学著『徳川綱吉（人物叢書　新装版）』吉川弘文館

安藤精一ほか著『徳川吉宗のすべて』新人物往来社
『幕末大全 上下（歴史群像シリーズ）』学習研究社
北島正元編『徳川将軍列伝』秋田書店

著者略歴

榎本　秋《えのもと　あき》

東京都生まれ。WEBプランニング、ゲーム企画、書店員を経て、現在は著述業。日本史・中国史のほかライトノベルについても造詣が深い。

著書に、『戦国軍師入門』『外様大名40家「負け組」の処世術』（ともに幻冬舎新書）、『殿様の左遷・栄転物語』（朝日新書）、『籠城　戦国時代に学ぶ逆境のしのぎ方』（宝島社新書）、『江と戦国の姫君たち』（イースト・プレス）、『10大戦国大名の実力』（ソフトバンク新書）、『ライトノベル作家になる』（新紀元社）、『完全図説　戦国姫君列伝』（朝日新聞出版）、『時代小説最強！ブックガイド』『ライトノベル最強！ブックガイド――少年系』『ライトノベル文学論』（以上、NTT出版）などがある。

幻冬舎新書 222

歴代征夷大将軍総覧

二〇一一年 七 月三十日 第一刷発行
二〇一一年十一月二十日 第二刷発行

著者 榎本 秋

発行人 見城 徹
編集人 志儀保博

発行所 株式会社 幻冬舎
〒一五一-〇〇五一 東京都渋谷区千駄ヶ谷四-九-七
電話 〇三-五四一一-六二一一(編集)
〇三-五四一一-六二二二(営業)
振替 〇〇一二〇-八-七六七六四三

ブックデザイン 鈴木成一デザイン室
印刷・製本所 中央精版印刷株式会社

検印廃止

Printed in Japan ISBN978-4-344-98223-9 C0295
え-2-3

幻冬舎ホームページアドレス http://www.gentosha.co.jp/
*この本に関するご意見・ご感想をメールでお寄せいただく場合は、comment@gentosha.co.jp まで。